孩子希望你认真阅读的一本书

让你的书房，成为孩子的“学区房”

孙雅莉 / 著

畅销书作者　知名教育专家

江苏凤凰科学技术出版社

图书在版编目（CIP）数据

让你的书房，成为孩子的“学区房” / 孙雅莉著. -- 南京：江苏凤凰科学技术出版社，2018.1

ISBN 978-7-5537-8790-9

Ⅰ. ①让… Ⅱ. ①孙… Ⅲ. ①家庭教育 Ⅳ. ①G78

中国版本图书馆CIP数据核字(2017)第306258号

让你的书房，成为孩子的“学区房”

著　　者	孙雅莉
责任编辑	谷建亚　沙玲玲
责任校对	郝慧华
责任监制	曹叶平　周雅婷
出版发行	凤凰出版传媒股份有限公司
出版社地址	南京市湖南路1号A楼，邮编：210009
出版社网址	http://www.pspress.cn
经　　销	凤凰出版传媒股份有限公司
印　　刷	江苏凤凰扬州鑫华印刷有限公司
开　　本	718mm × 1000mm　1/16
印　　张	14
字　　数	300 000
版　　次	2018年1月第1版
印　　次	2018年1月第1次印刷
标准书号	ISBN 978-7-5537-8790-9
定　　价	39.80元

目录

第二章 泡书房：如何让孩子爱上阅读？

第三章　巧培养：如何让孩子爱上学习？

第四章　学套路：如何让孩子学得出色？

第五章 好父母，给孩子一个好的世界

序

最好的教育叫作家庭教育

关于孩子的教育，每一位父母都会有自己独特的心得体会，因为每一个孩子都是独特的个体。父母对于孩子的教育就是一个持续寻找适合方法的过程，在陪同孩子的成长历程中，好的教育会使亲子双方获得共同成长。

随着“素质教育”被写入《义务教育法》，标志着素质教育上升到法律层面，成为国家意志。基于此，虽然我们可以对学校教育有更多的期待，但我必须要忠告各位父母朋友们：最好的教育，其实是我们的家庭教育。

我们常说父母是孩子的第一任老师，但我觉得父母不仅仅是孩子的第一任老师，也是孩子终身的老师。有一些父母认为自己文化水平不高，就竭尽全力把孩子送入更好的学校，以确保他们能接受到更高层次的教育。孩子能进名校自然是好的，如果不行，父母也不要妄自菲薄，因为归根到底父母能够给予孩子最好的教育应该是由自己提供给孩子的家庭教育。

尽管孩子的大部分科学文化知识来自学校教育，但他们人生观、价值观、世界观的培养，和做人的道理大部分则来自于家庭。家是吃饭睡觉休息的地方，是体能得到恢复的港湾，但同时更是心灵的归宿和扬帆起航的动力源泉。

孩子在学校不同的阶段会有不同的老师，但每个孩子究其一生永不改变的“老师”就是他们的父母。父母对于孩子的教育必将影响其终生。

古人云："父母之爱子，则为之计深远。"我们现在大多数的父母亦是如此，满含期许为孩子设计着关于将来的美好愿景。父母自责经济条件有限买不起学区房，但我们可以给孩子一间书房；时间有限不能带孩子行万里路，但我们可以让孩子读万卷书。父母苦于不知如何让孩子爱上学习，并且学得出色，我们这里有技巧，有套路等你来找。让孩子学习，父母首先要学习；要培养一个好孩子，自己首先要成为好父母；父母给孩子怎样的世界，孩子就会有怎样的格局。

在教育的路上，每个人都是探索者，虽然没有十全十美的父母，但我们仍要付出百分百的努力；虽然没有完美的孩子，但我们仍然爱着他的不完美。

教育孩子没有秘诀，如果非要说有，那么我认为父母所做的一切都要基于对孩子的尊重之上。我们都发自内心地爱孩子，但我们的爱也应该是相互的，彼此尊重的。

我们要建立对孩子未来的合理期待，不拔苗助长，也不放任自流。当然现在"放养"的孩子很少，负重前行的孩子却很多，请让孩子回归本真，在应有的年龄体会到应有的快乐。

父母在教子的过程中会遇到很多困惑，虽然我给不出解决问题的一揽子方案，但只要书中的某个点能够对你有所启发和帮助，我想这就已经很好了。

"孩子，我要求你读书用功，不是因为我要你跟人比成绩，而是因为，我希望你将来会拥有选择的权利，选择有意义、有时间的工作，而不是被迫谋生。当你的工作在你的心中有意义，你就有成就感。当你的工作给你时间，不剥夺你的生活，你就有尊严。成就感和尊严给你快乐。"

最后我借用龙应台这段话与父母朋友们共勉，希望这本书不仅能够改变孩子的未来，更能改变每个家庭的亲子关系。

——孙雅莉

第一章

最好的学区房，其实就在书房

学区房对应好的学校和教育资源，如果你有条件给孩子买学区房我并不反对，但是我们却忽视了至关重要的环节——家庭的教育。你要知道，学校的教育是可以被替换或补充的，但是家庭的教育却永远无法被替代，而且它决定着孩子的未来。

学区房改变不了孩子的命运

不知从什么时候开始,学区房成了这个社会最炙手可热的商品。眼睁睁的,我看着北京的学区房从一平米几万元到一平米十万元,再到几十万元,我在想,都是什么样的人在买这样的房子呢?

作为教育工作者,这么多年一路走过来,我能理解父母们的心情。买了学区房,进入好学校,孩子才能在起跑线上领先,未来才有希望。我觉得这个想法从逻辑上似乎是正确的,也有这样成功的例子。可事实上,父母却忽视了决定孩子一生最关键的一件事,就是你自己的教育方法。

你要知道的是,学区房只是孩子进入好学校的一个小小的门槛,但是对于孩子来说,真正的成长和成功,其实是孩子、父母、学校共同努力的结果。

我讲一个真实的例子。我有位大学同学，生孩子比较晚，对孩子也是格外疼爱。她是属于对孩子教育非常有追求的人，但我总觉得她追求得有些偏执。比如说，孩子小的时候，她就给孩子报各种各样的课程，从钢琴到舞蹈，从书法到英语。我并不是反对孩子在幼儿园时期多学一些知识，但是过多剥夺孩子的童年，对于孩子来说有些残酷。

后来，这位朋友为了孩子能上一所重点小学，她和爱人把原来住着很舒服的两居室卖了，还借了钱在别的区买了一套学区房，当然，孩子也确实上了那所重点小学。但是问题也来了。

两口子为了孩子牺牲了原来的居住环境，挤在一个不到 40 平方米的小平房里，结果是什么，一家三口人都觉得憋屈，孩子也觉得很委屈。而在学校里，孩子面对的是新的环境，这种委屈让他有点自卑，而自信心的缺失导致孩子总是不能专注学习。

另一方面，孩子从原来的家搬到了新的地方，告别了熟悉的生活和原来的朋友，这种突然间的转变，让孩子的内心开始封闭。用了很长一段时间，孩子才有所转变。

她告诉我，自己真的很后悔为了孩子买了学区房，如果没有那次转变，孩子或许活得更开心、更自信，一家三口的日子没那么憋屈，孩子更可能健康快乐地成长。

或许，你会说这只是一个普通家庭的例子，不具有代表性。那么，我再给你分享一个小的例子，我有位咨询的客户，他们家属于很有钱的那种，当然，有钱人也重视教育。他们花了不少钱，给孩子在名校的划片儿区买了套大三居室，感觉一切都会变得简单，孩子上重点学校，日子过得也不会比自己原来住的别墅差多少。

可是，这对父母虽然有钱，也有教育的意识，但是他们却从不懂得如何给孩子创作一个好的家庭教育环境，而是把孩子的学习和成长完全寄托到重点小学的教育上。

结果是什么情况呢？爸爸每天出去忙着应酬，母亲每天对孩子一味地纵容，孩子也不好好学，父母也不怎么管。孩子的成绩一直是班里排名最差的，但是孩子却穿得好、玩得好，他从这些物质上收获的自信心，弥补了学习上的落后。

老师找家长谈了很多次孩子的问题，结果就是我们经常见到的局面，父母每天把孩子训一顿，给孩子报了各种各样的补课班。可是最终也没有改变孩子的学习积极性，弄得孩子和父母都很累，却不见什么效果。

重点学校的老师，或许有更大的压力，他们会把这种压力转移给孩子和父母。如果是家庭教育本身出色的父母和孩子，那么就会很容易适应，并且把重点学校的优势发挥出来，孩子进入了正向循环。

但是如果家庭教育缺失或本身就存在巨大的问题，那么孩子在这样的学校里，不仅会成为老师心目中的“差生”，更会在落差中迷失自己，恐怕这样的情况是每个家庭都不愿意看到的。

学区房对应好的学校和教育资源，如果你有条件给孩子买学区房我并不反对，但是我们却忽视了至关重要的环节——家庭的教育。你要知道，学校的教育是可以被替换或补充的，但是家庭的教育却永远无法被替代，而且它决定着孩子未来的真正走向。

再好的名校，也不及你的言传身教

希望自己的孩子能上一所好学校，是每个家长的愿望。虽然国家近些年不断有政策出台，比如：推动优质教育资源共享，均衡配置办学资源，严格学籍管理，落实就近入学等，目的就是为了推进义务教育的均衡发展。但是，我们必须要承认的是，短期内，差别仍然存在，关于名校的是非恩怨必将继续上演。

我们看到，身边很多“有心”的家长从孩子一出生，就开始规划他的教育宏图：随爷爷奶奶、随姥姥姥爷、投靠亲戚朋友，总之跟谁能上好学校就想方设法把孩子的户口落到谁家；如果实在没有这样合适的人选，那么还有一个简单粗暴的办法就是——购买学区房，这也是近几年学区房的价格一路高歌猛进的原动力。

尽管每个家庭都用尽“洪荒之力”也并不可能都有随心落户的能力或者随意买房的经济实力。那么，上不了名校，怎么办？我们孩子的人生就此灰暗了吗？答案当然是否定的。

名校有好的硬件设施，优秀的教师队伍，良好的学习氛围，这些我们无法忽视，但对于孩子的教育而言这些并不是全部，你可千万不要忘记，还有你自己。家庭教育才是一个人成长过程中最重要的组成部分，家长的言传身教将会影响孩子的一生。

网上有这样一个段子：孩子因成绩不好被妈妈骂笨鸟，孩子不服气地说："世上笨鸟有三种，一种是先飞的，一种是嫌累不飞的。"妈妈问："那第三种呢？"孩子说："这种最讨厌，自己飞不起来，就在窝里下个蛋，要下一代使劲飞。"

作为家长你看完这个段子除了一笑，是不是多多少少被触动到了呢！

段子里说的第一种笨鸟不必做更多解释，讲的是笨鸟先飞的道理，笨鸟先飞早入林这无疑是一种积极的态度，古今中外名人的成功事例很多。第二种笨鸟和第三种笨鸟说的是谁呢？此时，想必很多的家长都会感到惭愧吧！

这样的场景你肯定不会陌生：你在家一边津津有味看电视，一边批评孩子不安心写作业；你一边看手机一边陪孩子上奥数课，然后抱怨现在小孩题目太难你也学不会；做了满桌好饭看孩子吃时，总是禁不住满含深情地说：我这辈子是不行了，就全指望你了！

有没有被我说中？现实生活中，有许多懒惰的家长，自己工作不努力，不思进取，却偏偏对孩子严格要求，要孩子学习刻苦，要孩子成绩优秀，要孩子多才多艺，甚至把生活和未来的希望都寄托在孩子身上。在孩子教育上更愿意走省心的路子，他们千方百计把孩子送到名校，愿意花大价钱带孩子参加各种辅导班，并且认为这样做就算尽力了！

其实，真的不是这样，再好的名校也不及你的言传身教！家长要想孩子优秀，首先要自己努力，教育孩子的过程也是我们自我完善和进步的过程。

我认识一个大姐，她有一个女儿叫小悦，现在在一家科研机构工作。当初，由于她爱人的工作调动，大姐和小悦也就一同从外地来到北京。小悦性格好、学习好，在老家的学校是个受人欢迎的优秀学生。当时小悦念初三，来到北京突然面临一个新环境，加上又是青春期，情绪难免会有波动，学习成绩也没有那么稳定了。第二年中考时，以小悦平时的成绩，应该能考上一所区重点学校，可结果是，孩子没能发挥出应有的水平，以三分之差落败。那时，有两个选择，一个是交赞助费去重点中学，一个是去普通高中。

大姐说：不管在什么学校，学习终归要靠自己！最终小悦去了那所普通高中。

孩子进入新的学习阶段，对于大姐来说何尝不是人生的新阶段。她离开了工作多年的事业单位来到北京，一切也要从头来过。大姐并不是一个细致的妈妈，生活中甚至有些马虎，由于上班距离远，她每天都比小悦出门要早，并没有太多时间为小悦准备精美丰富的早餐；晚饭后也不会盯着小悦学习，因为她自己报名了执业资格考试，还要看书复习，工作忙时，还会带图纸回家加班。可是，不管多忙，大姐总是乐呵呵的，说话更是自带东北小品风格，什么事儿经她一说，就会变得生动有趣起来。

面对这样一个努力工作、积极乐观适应新生活的妈妈，小悦也不甘落后，很快放下了中考失败的包袱，投入到高中学习生活中去，由于本来基础就不错，加之良好的精神状态，使小悦的学习成绩始终名列前茅。老师看到了小悦的潜力，也会不由自主对她格外关注，甚至开开小灶。

高考，没有意外，作为普通中学的尖子生小悦与当初上了名校的同学一样考入理想的大学。

多年后，谈起当初的决定，大姐说她其实也没有看起来的那么坚定，谁不想给自己孩子更好的条件！可那时刚到北京，经济条件本来就有限，彼时家中老人有病要用钱，赞助费对于他们那个家庭真的难以承受。接着大姐欣慰地笑着说：好在小悦是个“心大”的孩子，小时候受点磨炼也是好事儿！

仅仅因为小悦“心大”吗？是大姐命好摊上了个好孩子吗？也许是，但一定不是全部，更多的因素恰恰来自大姐自己，她的积极向上，她的云淡风轻，无时无刻不在潜移默化中教育和引导着小悦。

“望子成龙”“望女成凤”，是大部分家长的心态，但请你不要对孩子过分地关注，更不要在孩子面前流露内心的焦虑，仅仅为孩子而活的父母是不合格的父母。所以，请停止在孩子面前苍白地说教，行动起来，首先做好自己，在你疲惫、沮丧，想要懈怠时，想想你的孩子，你想他成为什么样的人，那么你就先朝什么方向努力吧！

给孩子一个好环境，比送进贵族学校更重要

在我国，通常意义上大家普遍认可的名校，不管是小学、中学，还是大学，一般都是指公立学校。但随着商品经济的和市场经济体制的确立、完善，人们的教育观念发生了深刻的变化，国家包办教育的局面被打破，私立学校也就逐步出现和发展起来。

如今更多的家长在观念上已经逐渐转变并接受了另外一种教育方式——上私立学校。不再单纯地认为私立学校就是贵族学校，是那些家里有钱可是学习成绩差的孩子才去的地方。

曾经在一档真人秀节目中，华谊执行总裁王中磊的儿子威廉凭借一口地道的美式英语意外爆红。威廉同学在碰到外国人买东西语言不通时，不仅帮助对方解决难题，更是与其畅聊达半个小时。只有 8 岁的威廉涉及足球、篮球、生物等多个领域，甚至做作业都是全英文模式，一时间成为大家眼中公认的“学霸”。随之威廉就读

的一所国际学校瞬间也成为热议的焦点，更有人表示“目前阶段的人生目标就是能让我的儿子上得起 ×× 国际学校”。

私立学校有它的优势：有良好的校园环境和完善的基础设施；实行寄宿制，孩子无奔波之苦；新型的教学方式，有助于学生的全面发展；等等。但问题是高昂的费用，大多数家庭无法承受。

前两天我遇到一位纠结的妈妈，情况是这样：今年女儿该上小学了，可划片的小学是一所刚刚更名为某重点小学分校的普通校，她并不是很满意。抱着试试看也许会多一种选择的心态，她带孩子参加了附近一所知名民办小学的入学考试。在一众娃当中，孩子顺利通过考试评估。现在，真的拥有选择权了，问题也就来了，“是上呢！是上呢！还是上呢……”作为普通家庭，经济上的压力是他们面对的首要问题。一年数万元的费用，能拿得出，但有些吃力，小学六年，那中学呢？如果在这种学校继续读下去，费用也是不断增加的，到底该如何抉择？

抛开经济因素，我们应该首先关注这位六岁小女孩的意愿。她也是一个独立的小大人，对于她的童年、小学时期的小伙伴，她也是有选择的权利啊！爸爸妈妈应该与孩子充分沟通交流后再做出更适合家庭和孩子的决定。

私立学校有好的教育资源，新型的教育模式固然是好，但也要看是否适合自家孩子。如果工薪家庭送孩子去所谓贵族学校，那父母就要带着巨大的压力去拼命工作赚钱，这种压力也必然会传递到孩子身上。孩子在学校的感受并不比在一般公立学校愉悦，那学习状态也不一定就会健康。

换个角度想,小女孩是经历了很激烈的竞争后,面试并被录取的,是个很棒的孩子，以后无论在哪所学校，都有机会闪闪发光的。

回到教育本身，我们对于孩子的教育是一场长期的持久战，非一朝一夕之功；完整的教育需要家庭和学校合作，而非某一单方面就能包办的。所以,我认为父母只要尽所能给孩子提供一个好的环境,也许比上什么贵族学校来的更为重要。

对于孩子而言什么是好的环境？在学校有可亲可敬的老师，有能一起愉快玩耍的小伙伴，有团结勤奋、严谨求实的校风学风；在家有干净整洁的卫生环境，有工作努力的爸爸妈妈，有温馨和谐的家庭氛围。这些就够了！

在孩子眼里：几块钱的弹跳青蛙可能比几百元的光电遥控玩具更有趣；我们班那个说话就带笑胖胖的语文老师比二班那个年轻帅气的数学老师更可爱；我家住的平房一开门就可以到外面玩，真是太方便了！当孩子用纯真的内心来感受和认知世界的时候，请不要用世俗观念去打破。

虽然学校里的老师我们不能选择，但我相信大多数的教师都是负责任的，所以家长不要在孩子面前议论和评判老师的教学方式方法；孩子选择的玩伴我们可以给予适当的建议，让他学会从别人身上看到和学习优点。

在家里，父母切忌在孩子面前起争执；如果家里有了二宝，一定要注意给大宝足够的关注，让他感到家里来了新成员不是来分割他的爱，而是因为彼此的存在，全家人会有更多的爱；当你工作一天回到家终于吃完饭坐下来时，请放弃那些没营养的电视节目，丢开手机，也不必盯着孩子写作业，如果孩子有问题能做到给他耐心讲解就可以了，你自己可以放一段舒缓的音乐，拿起本书读上几页，也是不错的放松和休息。

我始终认为家庭教育的核心是潜移默化，是耳濡目染，一个总是唠唠叨叨的妈妈会让孩子感到烦躁，一个脾气暴躁的爸爸会让孩子学会暴力。住别墅、开跑车送孩子去贵族学校，不是每个父母都能做到的，其实这些真心不重要；但时刻注重自己的言行，努力营造一个良好的家庭环境，这才是最重要的，家长朋友你能做到吗？

一个好书房，三大功能

在电视剧的情节中，我们经常看到为迎接新生活或者宝宝的出生，男主瞒着女主精心布置好儿童房，以期给她一个惊喜。通过女主的视角我们看到的定是一个温馨梦幻的场景，那一瞬很多电视前的妈妈们都会不由自主地把自己代入情节，并发自内心地感叹：我的孩子也有这样一个房间多好啊！

理想很丰满，现实很骨感。面对城市中日益高涨的房价，我们的经济实力能够支撑的居住空间实在有限。大多数家庭，在孩子出生前能够准备好的往往却只能是一张婴儿床。

很快孩子从咿呀学语，到蹒跚学步，一天天成长起来，开始需要属于自己的空间，于是家长们开始了各种辗转腾挪。休息区、玩具区这是必备的，你一定不会忽视，这决定着孩子能否休息好，玩好。但是还有一个空间也是你无论如何不能省略的，那就是还需要一个阅读区，它在很大程度上决定着孩子能否学习好。

这里所说的书房，并非是指一个确定的房间，我们只要有这样一个地方，能实现书房的功能就好。当然如果家里房间足够多，能给孩子一间书房是再好不过。

如果没有，也不要紧，因为更多的家庭是卧室与书房一体，没关系，有一张适合孩子身高的桌椅，有可以方便取阅的书架和一方可以舒适阅读的空间，这些你想办法总是能提供的吧！

因为我们要在这个区域完成三大功能。

一、阅读

书房，不用说，是存放图书、阅读图书的场所。

儿童的阅读是从识字开始的吗？当然不是，孩子的阅读可能从无意识中就开始了。从孩子七八月大时，就可以给孩子看“布书”了。顾名思义，就是用布做成的书，即不用怕他们破坏图书，也不用担心伤到他们。这时的书房，可以是他们的小床，也可以是一个简单的爬爬垫。

随着孩子的长大，可以进行简单的交流之后，我们的亲子阅读就该登场了！可以是墙角的一把软椅，也可以是铺上好看坐垫的飘窗，总之一个能让彼此以放松的姿势舒服待着的地方，就可以是我们的书房。把孩子的图书码放在附近，爸爸妈妈可以引领宝宝看一些简单易懂的绘本，让孩子意识到这个地方的特定属性。

当孩子上学，开始真正地自主阅读后，是布置一个一本正经的书房的时候了！三要素：书桌、书架和适合孩子年龄的图书。书桌和书架的选择材质要安全环保，样式要简洁实用。个人不建议购买那些色彩亮丽，印着米老鼠、白雪公主等各种卡通图案和功能过于花哨的所谓成长型多功能书桌，价格高不说，关键是容易分散孩子的注意力，并不利于孩子专心读书。关于怎样选择适合孩子的读物，我们后面还会单独详细再谈。

二、学习

广义上说，读书就是学习，不管你读的什么书都会或多或少从中获得某一方面的知识。

只是今天更多时候我们谈到的学习，是指孩子对于学校功课的学习。恐怕除了睡觉，孩子回家后待的最多的地方就是书桌周围这一方空间了。写作业、做习题，在孩子学习时，我们尽量给他们一个相对独立的空间和安静的环境。但我还有一个小建议，就是可以给孩子在房间里放一个小音响，在孩子学习的间隙可以用来听听音乐或者古诗词，在休息的同时，还可以陶冶情操；在晨起和睡前可以用来听英语，提高学习效率。

三、亲子

书房也是融洽亲子关系的好场所。书对于孩子而言，是认识世界的重要渠道，每个父母都希望孩子喜欢阅读，也期望孩子把这种愉快的经验延伸到未来的成长阶段，如果能亲子共享阅读的乐趣，必能为孩子心中种下爱书的种子。

作为父母不管你多么忙碌，抽出时间来和孩子共读绝对是一件值得的事情。

学前儿童，自己还未有阅读能力，培养其阅读兴趣之道，在于多读给他们听；那么孩子识字后是否还需要亲子共读呢？那是当然，你不必把孩子的每本书都读过，但也要尽量做到了解主要内容、情节、人物，那样你们之间就会有更多的话题，你也会从孩子喜爱的图书中了解到他的兴趣爱好。父母与子女双方以书籍为纽带，分享彼此的感动，在无形之中增进感情。

你家的孩子多大了？家里有书房吗？我们费点心思布置一个实用的书房吧！“山不在高，有仙则名。水不在深，有龙则灵。”不是要面积有多大，装潢有多高端，只要干净整洁、温馨宁静，能实现阅读、学习、亲子三大功能，就是一个好书房。

每个年龄段最好的读物是什么？

上一节我们谈了一个好书房的三大功能：阅读、学习和亲子。这一节我们就来深入聊聊书房中的灵魂——书。

家长们肯定急切地想要知道，在书房中，我们给孩子应该准备哪些图书呢？每个年龄段最好的读物又是什么？我猜很多人喜欢看到一份书单，然后打开电脑或者手机，手指动动，分分钟搞定，接着就可以在家等着快递员把沉甸甸的书送来了。如此简单高效地把书架摆满，真是快哉！可遗憾的是，关于“最好”真的没有统一答案，泛泛地列出一堆书名，并不一定适合每一个孩子。

因为不同年龄段的孩子有不同的特点，按年龄分段阅读的确是一个简单易行的办法，但这只是笼统而言，因为同一年龄段的男孩和女孩兴趣爱好肯定不同；同一年龄段不同个性的孩子阅读的方向也不尽相同，所以我们在选择童书时，还需要考虑孩子的心理发展、认知发展、语言能力、社会发展等很多方面。

臧克家说："读一本好书，像交了一个益友"！无疑家长们都想自己的孩子能交上一个益友，那么在给孩子挑选图书的这件事情上，一定是要"上点心"！每个孩子是不同的个体，家长应该是尽量站在孩子的立场上，从大量的儿童读物之中进行初选，如果可能，家长最好自己先看一遍，觉得适合孩子当下的心智发展能力，再选给他们看。在你划定的范围后，再把权利下放给孩子自己，尊重他们自己的选择，鼓励孩子进行个性化阅读，因为读书有时真的是一件很私人的事情。

那么下面我们来分析下不同年龄段孩子的阅读特点，希望可以给到您一些好的建议和方法。

一、婴儿时期（0~12个月）

一岁以前，虽然孩子不会走路不会说话，但的确是可以开始看书了。色彩鲜明的大图案硬质书可以刺激大脑发育，家长可以一边指一边说出事物的名称，为宝宝说话打好基础。

在宝宝自己玩的时候，可以给孩子看软软的"布书"。顾名思义"布书"就是用布做成书的样子，采用安全的颜料在布上面印上色彩鲜明的图案，或是物体或是一个场景，没空陪宝宝一起阅读时，可以放心地让他自己来看，不怕撕、不怕咬，也不用担心伤到孩子，是图书也是玩具。这个时候孩子能看懂、学会什么不是目的，重要的是培养他们阅读的意识。

二、幼儿时期（1~3 岁）

起初要给孩子阅读以图片为主，和日常生活相关的，比如：家具、电器、交通工具等有大幅图画的认知图书。在这个基础上再逐渐给孩子读容易模仿、朗朗上口的儿歌，和有一定情节、简短有趣的经典绘本，比如《我爸爸》《我妈妈》《鳄鱼怕怕，牙医怕怕》《大卫，不可以》等等。

对于低幼的孩子，“翻翻书”也是一个很好的选择，宝宝一边听爸爸妈妈讲，一边自己动手翻翻看，门后面是什么？谁藏在了桌子底下？比如《小玻系列翻翻书》《噼里啪啦》系列等。

三、学前阶段（4~6 岁）

通常孩子在 4 岁半到 5 岁半的时候就会进入阅读敏感期，也有的孩子会提前，但只要发育正常，一般不会超过 6 岁。这是培养孩子阅读兴趣、阅读习惯的黄金时期。这个时候可以给孩子选择的图书也可以更加多元化，百科、童话、有思想性的绘本等，可以帮助孩子获取全方位的知识和多样性的情感体验。

很多家长在这个阶段也开始让孩子学习外语了，千万别忘了挑选那些句式简单的英文读物放入你的购书车。

四、小学阶段

小学低年级，孩子学会拼音后，就要鼓励他们开始自主阅读了。书也要从画多字少逐步转变到字多画少了。可以阅读细节更为丰富的故事、科普类图书，比如《小猪唏哩呼噜》，贴近校园生活的“小豆豆”“小朵朵”系列，《窗边的小豆豆》《长袜子皮皮》等，并且开始背诵《三字经》《弟子规》等国学经典。这个时候家长帮孩子参谋着选书时，一定要注意选择适合孩子阅读水平的，生字障碍不要太多，或者最好买注音版，并且图文并茂，不要太厚，或者是每个故事可以独立阅读的，这样既可以读书与识字同步，还可以增加孩子内心的成就感和愉悦感。

小学中高年级后，自主阅读日渐深入，对文学性的描述开始感兴趣，这时可以向孩子推荐一些内容丰富、含义深刻的书籍，让孩子从中自主选择。

五、中学阶段

现在上了中学的孩子，身高都快和父母一样了，也逐步进入青春期，他们似乎更多时候处在一种逃离的状态，不能离开父母，又不想父母管得太多。这个时候，除非是非健康类书籍，建议家长就不要太过限制孩子的阅读类型，只要孩子喜欢，大可放开手，毕竟开卷有益！

这时，你可能要担心孩子看闲书会影响学习了。但请你回想自己年少时，肯定也有背着父母在被窝里打手电看小说的经历吧！你有没有看了琼瑶就整天多愁善感；看了金庸就要仗剑天涯；看了三毛就要出门流浪。只要家长善于引导，并且和孩子多交流，孩子就会从琼瑶中看到唯美的文字；从金庸中看到责任担当、豪爽仗义；从三毛中学会自由洒脱。

总之，让各个年龄段孩子阅读的基本原则是：孩子喜欢就尽量不要阻止，在不同阶段父母可以有自己的推荐书目，但不要强迫孩子只阅读你指定的书籍。这样孩子才能真正地爱上阅读，并且会终身受益。

素质教育让你的孩子更受欢迎

看到有人乱丢垃圾，听到有人在电影院里接手机，开车路上遇到抢道路的司机……我们会不由得感慨：这个人真没素质！

那什么是素质？词典里说素质是“指事物本来的性质”，百度百科上说“素质是一个人在社会生活中思想与行为的具体体现”。名词解释和概念的说法都不是很亲民，其实我们理解的素质就是人与生俱来的，以及通过后天培养、塑造、锻炼而获得的身体上和人格上的性质特点。我们会说某某素质高或者素质低，素质高低的标准是什么？每个人的个人素质不一样，对素质高低的定义也不会相同，但我们会普遍认可一个能遵守社会行为规范，为人处事懂礼节，保持良好的心态，能尊重他人，也尊重自己的人，就是素质高的人。

素质有先天的因素，但更与后天的教育与环境影响息息相关。

所以说孩子未来的素质，由现在对他的素质教育决定。不管您的孩子现在多大，素质教育都应该是进行时！

很多时候，孩子的学习成绩是家长关注的第一要务。的确，在应试的需求下，成绩是最简单明了的表达方式。分数高，其他方面差一些都是可以被接受的。关于“高分低能”的故事我们也都听到过，所以说，成绩好、会学习是素质的一个方面，肯定不是它的全部，现在越来越多的家长也都认识到这个问题。我们常说要“德、智、体、美、劳全面发展”，但真正做到却很难呢！

在大环境的驱动下，父母会不由自主地把精力投入到对考试成绩的追求当中，对于其他方面的培养难免就会疏忽。当孩子以自我为中心时，你认为他还小不懂事；当孩子粗暴行事时，你认为他这是勇敢；当孩子口无遮拦地嘲笑和愚弄他人时，你认为是幽默和随性直爽；那么不管他学习有多好，都不会成为一个受欢迎的人。

我们经常会看到一个现象，班级里人缘最好的孩子不一定是学习最好的那个，但一定是一个有礼貌、不贪心、爱分享、守承诺的人。这些都是个人素质的重要组成部分。就好比木桶定律中的木板，一个人的素质就好比木桶中的水，一只木桶能装多少水，并不取决于最长的那块木板，而是取决于最短的那块木板。

本意是为了推进素质教育，学校开始招收特长生，当除了学习成绩一些特长也成为进入名校的“敲门砖”以后，家长也会投入时间和金钱来陪孩子“玩”。过去，乒乓球是在水泥砌的台子上学的，羽毛球是在门前屋后的空地上练的，篮球是在木头篮板上投的，现在则不一样了，有专门的场馆、请专业的教练、用专业的装备，能不能有专业的水平，我不敢妄言，但总是觉得少了份以前的自如洒脱，而多了份功利。

我觉得，当前家长给孩子上的课，学的项目已经够丰富了，我们还应该注重以下几个方面，才能让孩子在言行举止中自然流露个人的格调与魅力！

学会微笑

微笑是最好的名片，每个孩子都应该学会微笑，能够大方得体地打一声招呼，会给别人留下美好的印象。

懂得感谢

没有谁是必须要帮助你的，当你遇到困难有人伸出援助之手时，一定要发自内心地表达谢意。

学会分享

“独乐乐，与人乐，孰乐？”孩子有好吃的好玩的一定要提醒他与长辈、父母一起分享，也要和好朋友一起分享。

信守承诺

答应的事情一定要做到。“回头我给你打电话”“下次一起吃饭”，这些脱口而出的话都是约定，守信则是真诚的表达。

一次礼貌的让座，一句贴心的问候，一身干净整洁的衣服，都是孩子良好素质的表现，一个好的家庭门风必然能教养出有气质、有教养的孩子。

对于父母而言，不管你有钱没钱，给不给孩子上课外班，这些都是你能教会孩子的事情。

把教育完全推给学校，父母就错了

作为家长，你至少每学期会参加一次家长会吧！那么请仔细回想一下，每次开家长会是不是会听到老师说同样的话：“希望家长配合，希望我们家校共育……，让孩子成长进步！”

虽然老师每次都说，但有一些家长朋友却不以为然，他们认为：孩子送到学校来了，老师就要负责把他们教育好！不然让孩子上学干吗？还有一些家长虽然会尽量按照老师的要求去配合，但总会时常抱怨：现在的老师可真省心，事情都让家长做了，他们干什么呢？

虽然可以理解家长们的这些想法，但是，如果把教育完全推给学校，父母真的就错了。孩子虽然到学校学习，但饮食起居都是在家里，学习书本知识是教育，日常生活习惯的养成同样也是教育。教育是全方位的，不可能单靠在学校的几个小时就能见效，回家后，家长们在学习上给予必要的督促也是不可或缺的。

有研究表明，在儿童教育中，家庭教育的作用占51%，超过一半的比重，其次才是学校教育，最后是社会教育。

其实在中国历史上，历来是非常重视家庭教育的，《三字经》《弟子规》《朱子治家格言》等经典中都有提及。中国的传统美德教育首先是在家庭这个环境中得到传承的。

现今，家庭教育传统之所以被削弱，很大一个原因是孩子在家的时间越来越少。我时常看到身边的孩子们赶场似的奔波在各种“班”之间，感觉比一个工作的成年人还要忙。我们的家长从来都是重视教育的，但是却越来越忽视来自家庭本身的教育。

家长们为了孩子不输在起跑线上，可以说是投入了大量人力物力。小易夫妇都是研究生，通过自己的努力终于在北京立业安家。关于孩子的教育也是非常重视。因为工作忙，他们没有太多的时间陪伴孩子，很多时候孩子是由姥姥姥爷和爷爷奶奶轮流照看，所以他们在孩子一岁多就开始送孩子去一个著名的早教机构上课了。孩子上幼儿园以后，又给她报了课外的英语、绘画还有围棋班，家里也买了钢琴，老师是一对一上门授课，老人除了给孩子吃饱穿暖外，主要的任务就是接送和陪伴孩子上课。小夫妻俩的主要任务就是工作挣钱给孩子交学费。

看到忙碌的小易，我忍不住劝她：“不要这么拼，孩子的成长只有这几年，你要多抽时间好好陪伴，才是对孩子好，总是上课，不一定能达到你预想的效果！”

小易苦笑道："我也是没办法呢！别人家的孩子都在学，我不能让她落后。让她和专业的老师学，我只要努力工作赚钱就好，反倒省心些！"

这是很多年轻父母的想法和做法，因为社会大环境如此，他们不由得随波逐流。可是仅仅花钱让孩子多上点课就一切都OK了吗？这显然不可能。

起初可能还好，孩子处在入门阶段，都比较简单，在寓教于乐的游戏中学习就够了。可是接下来，想要更进一步时，不管学习什么，要想学有所长都离不开必要的练习。上完钢琴课老师会嘱咐你每天让孩子练琴；下了英语课老师会告诉你回家要让孩子多说多听多复习；跳完舞老师会提醒你不要忘记每天练功；这个时候你就会发现，你给孩子在外面上多少课，你自己在家就要做多少功课！

在孩子的教育上从来没有"省心"这个捷径的。完全寄希望于学校和教育机构来培养孩子是不可能完善和成功的。我们常常说"养育"孩子，一个是喂养一个是教育，两者缺一不可。

好的家庭教育不仅仅是督促孩子做练习，而是要让孩子能够自觉遵守社会公德、学习和发扬传统美德，学会用积极乐观的好心态去生活，这些比一张考级证书或者一张满分的试卷更为重要。

现在，学校在教授书本知识的同时也在努力减轻学生的课业负担，开设科技文艺类课程，注重孩子多方面兴趣的培养，加强思想意识方面的引导和教育，如果家长能积极主动地在家庭教育中也注重这些方面，那么对于孩子的教育才能达到共促共进的效果。如果家长只是一味地依靠老师的力量，或者被动行事，那么即使是孔夫子在世，恐怕你孩子的教育也是会有所缺失的。

不要把教育完全推给学校，你是孩子的父母，是他们第一任老师，是他们的启蒙者和引路人，好好承担起这份责任，这才是你唯一正确的选择。

孩子的未来都是设计出来的

从你准备要孩子，不，也许是从我们自己还没有长大的时候，一定说过或者在内心想象过：如果将来我有孩子，我会……

当孩子真的来到你身边，在为人父母，肩负起抚养和教育孩子的这份责任时，你才会发现，曾经关于孩子的所有想象都太过简单。

如果说“生活不止眼前的苟且，还有诗和远方”，那么养育孩子不仅要关注眼前的温饱健康，还要面对不可知的未来。《触龙说赵太后》中左师公有句名言：“父母之爱子，则为之计深远。”怎样才是“为之计深远”，这是每一个为人父母必须用心思考的问题。

父母不可能永远陪伴孩子，不管有多么不舍，孩子终究会离开家，开始属于他们自己的独立生活。所以说，在这之前，父母对孩子的所有教育，不过是为了让他们离开父母的照顾后，能够有更让人放心的生活。

关于孩子的未来，现在你就要认真规划和实施起来。这么说，你可能有点烦感。的确现在的很多80后年轻父母很不满于现状，他们埋怨父母曾经给自己做过的选择，后悔当时没有坚持按自己的意愿去闯荡打拼个人世界。他们很多人信奉对于孩子要给予爱，给予自由，这没错，但这与设计孩子的未来并不矛盾。或者说这是两件事情。

每个人小时候恐怕都被问过同一个问题："你的理想是什么？"你的答案是：科学家、老师、还是解放军？这应该是以前人气最高的几个选择吧！其实孩子对于理想的理解就是长大了要干什么！他们的答案多半来自老师的教育引导，媒体宣传报道和舆论影响，还有就是父母和身边亲朋的职业选择，加之他们自己有限的人生体验。

现在的孩子显得比过去的孩子更为"聪明"，知道和明白的事情越来越多，越来越早，但不管何时，孩子对自己未来的想象都是单纯的，那么作为家长是努力帮助孩子实现梦想，还是按照自己的想法来安排他们的人生呢？

这里，必须是具体问题具体分析！我们说的设计，是宏观上的，是基于尊重孩子与生俱来的性格特点，结合孩子的个人能力、兴趣与社会实际，做出的一个规划而不是一个计划。就好比要设计一座大楼，我们要先有方案设计：大楼要建在什么地方？要实现什么功能？医院、学校、商场，还是居住？然后根据需求大概定下来要多少面积，盖多少层，外观风格怎样！然后才是初步设计，最后到施工图设计，这期间会进行不断调整和优化，即使到施工阶段，现场也还会出现当初不曾预料的情况，这时也还要根据实际进行恰当的设计变更。孩子的成长亦是如此，是一个动态的过程，但目标是明确的，就是尽可能给予适合孩子的方式方法和选择。

如果恰好孩子的理想与自己的能力相契合，家长只要尽可能提供精神上的鼓励和经济上的支撑就好；如果孩子只是一时地盲目并没有真正的找到自己所长，那么家长务必耐心引导，帮助孩子找到正确的方向。

1993 年，6 岁的丁俊晖被发现有打台球的天赋。父亲丁文钧非常重视，1996 年他毅然关掉商店，买了 7 张球桌开了一家台球室，每天都抽出时间教儿子打球，后来更是力排众议大胆决定：只让儿子上语文和数学课，其他时间全部用来练球。2001 年丁俊晖初一还未读完就彻底辍学。后来呢？我们都知道了“神童”丁俊晖。

你可能会说：丁俊晖是“神童”，他是个案！但如果没有丁俊晖父亲的决定、坚持和安排，举全家之力的支撑，会有后来的丁俊晖吗？

神童只是少数，大多数孩子的家长只是希望自己孩子能好好学习，将来上个好大学，学个好专业，找个好工作！说起来很简单，但实施起来确也不容易。什么是“好”，本就没有一个界定，这只是个人的感受，父母觉得好，孩子未必认为就是好的。

孩子的未来是需要设计的，但一定要切合孩子的实际。父母切记不要把自己的喜好强加在孩子身上，也要摒弃子承父业的思想。我们经常看到一些教师之家、警察之家、医生之家，一种是孩子也喜欢父母的职业，自愿从事相同的行业；另外一种情况就是父母认为在自己的领域或者系统内多年，有人脉有条件给孩子更高的起点而要求孩子从事相同的职业。

父母对孩子有期望是正常的，在适当的时候帮助他们也是人之常情，但我更希望父母是孩子人生的规划师，让孩子顺其自然地成长，但不是任其自由成长，鼓励孩子在你的指引下绘制出属于他们自己的人生蓝图！

第二章

泡书房：如何让孩子爱上阅读？

我们也希望自己的孩子能像比尔·盖茨、奥巴马、希拉里那样成功，也希望他们未来能有一番伟大的事业，但是您知道吗，那些被我们推崇的商业界、政治界的精英们，他们中的绝大多数人从小都有一个好的习惯——阅读。

先从最简单的故事开始

身体与灵魂，必须有一个在路上，可见，阅读与旅行是增加生命阅历和厚度、广阔我们生命视野的必经之路。任性而为地来一场说走就走的旅行，只可能属于小众人群，作为现实生活中大多数的我们，一生中会有许多想去而不曾去过的地方，然而，阅读却可以为我们打开一扇世界的窗。

读书，是世界上门槛最低的高贵。如何让孩子爱上阅读，帮他打开世界之窗？我们当然是要从最简单的故事开始。

“从前有一个……”，我们都是听着这样的故事长大的，也是这样给自己的孩子讲故事的。想起来，是不是感觉很奇妙！故事滋养孩子的心灵，故事中蕴含着人生的智慧，故事中的人物引领孩子去探索并发现自己内心的宝藏。

从给孩子讲故事开始，和孩子一起阅读故事类图书，到孩子能够独立阅读，这是引导孩子学会阅读，爱上阅读的进阶之路，那么我们就赶快来学习做一个会讲故事的父母吧！

孩子小时候父母讲得最多的恐怕就是睡前故事了。过去没有那么多儿童读物，家长们多是讲一些传统的经典故事，现在则更为方便，可以随手拿起一本书念给孩子听，或者更为省事地打开手机、电脑，或者还有专为孩子设计的卡通形象的播放器，可以唱歌、讲故事，朗诵《三字经》《弟子规》等国学经典。这样固然省事，但真的不能替代父母与孩子面对面地交流，因为即使是同一个故事，不同人在不同的时间讲起来是不一样的，所以，作为父母千万不能偷懒哟！

下面我们就来聊聊给孩子讲什么故事？怎么讲？

面对丰富多彩的图书，家长也会眼花缭乱，更不要说是孩子，父母应该根据自己孩子的年龄和兴趣爱好选择几本书，然后给孩子大概介绍一下书的内容，再由孩子自己选择想要听的故事。这样做即尊重了孩子的意愿，也保证了阅读的质量。

家长往往认为孩子小，理解能力有限，所以常常倾向于选择那些图画很多，看起来很薄的书，认为这样孩子会更容易接受，关于这方面我有一点不同的建议。

看书和读书是两种不同的阅读方式，当孩子不识字或者识字量有限时，孩子自然是更适合读一些简单的图画书，通过图画来帮助孩子理解文字描述的内容。孩子的天性本来坐不住，如果书理解起来太困难，孩子没有体会到投入其中的快乐，他们很快就会放弃阅读，转换到别的事情当中。但当你准备给孩子讲故事的时候，我们一定要放弃那些小白兔、大灰狼等故事情节极为简单的所谓各种故事的合集，我认为应该尽量选择那些人物设定稳定，每个故事相对独立的系列图书，这样才有吸引孩子持续看下去的魅力，故事中的人物也会变成孩子的朋友。在讲故事的同时，我们要注意观察孩子的表情变化和对故事情节起伏的应和程度，便于给孩子选择到更适合的图书。

1941 年瑞典的女作家阿斯特丽特·林格伦 7 岁的女儿卡琳因肺炎住在医院，她守在床边。女儿每天晚上请妈妈讲故事，有一天她实在不知道讲什么好了，就问女儿："我讲什么呢？"女儿顺口回答："讲长袜子皮皮。"面对女儿一瞬间想出的名字，她没有追问女儿谁是长袜子皮皮，而是按照这个奇怪的名字讲了一个奇怪小女孩的故事。1944 年，她把这个故事写出来作为生日礼物赠送给女儿，这就是我们熟知的儿童读物《长袜子皮皮》。

你要说，我可不是作家，不会编故事，也不可能通过讲故事变成作家。你别急，我说林格伦的故事不是让你也这样给孩子讲故事，而是告诉你许多儿童读物是非常适合讲给孩子们来听的。《长袜子皮皮》这本书大概有 15 万字，这么厚一本书，也不过是林格伦讲给 7 岁的病中孩子的故事，所以你大可放心地拿起书，讲给孩子听。你拿着书，和孩子或是依偎在一起，或是面对面，讲到精彩处，你还可以用肢体来表达，你和孩子一起快乐欢笑，一起遗憾伤悲，通过这样的亲子阅读，孩子自然而然地就会对你手中那本能够带来如此丰富体验的书感兴趣，激发他们想要阅读的欲望。

还记得我小时候每天守着收音机听评书联播，《三国演义》就是我听完评书后，马上找来原著又细细品读的！选择一本好书，加上你声情并茂地讲解，加上时时面对面地沟通，你拿出时间给孩子讲故事，孩子以后也会拿出时间去看书。

先从最简单的故事开始，这里我们要说的不是简单的故事，而是从最容易让孩子接受又简单易行的方法——讲故事做起，讲有趣的故事，从而吸引孩子去主动阅读！

每个孩子都有不同的阅读兴趣

“我家孩子就是不喜欢看书！”常常听到家长们这样无奈地感慨！对于大多数城市家庭来说，买书的费用不是问题，问题是家长买了很多书，孩子却不感兴趣。

开学季、双十一、双十二、618一年中各种促销打折的理由根本停不下来，年轻的爸爸妈妈们在“剁手”的同时，也会为孩子囤积大量图书，可常常是你兴致勃勃地把书放到孩子的眼前，孩子却想要逃跑。

你的想法是：在家里，在孩子随手可及的地方都要有书的踪迹，我们要用书香陪伴孩子的成长。没错，这个想法很棒！给你点赞。可是在书堆中的孩子怎么却无感呢？

那些价格不菲的精装绘本，买了！成套系的口碑图书，买了！童书排行榜上排名靠前的，统统买回家！你发狠就不信没有娃爱看的！你的买、买、买，却未必能带动起孩子看、看、看的热情！很失望吧，于是得出结论：孩子不喜欢看书！

我要说，别急着下结论！我相信你买的书里一定有孩子感兴趣的，只是他们并没有发现！希望孩子博览群书的前提是，首先要让孩子喜欢读书；喜欢的前提当然就是兴趣，要善于发现孩子的兴趣点，以此来培养孩子对阅读的好感！上一节我们说了先从简单的故事开始，通过讲故事，你会慢慢了解到孩子喜欢冒险的还是温情的，喜欢魔幻的还是现实的，然后根据孩子当下的年龄特点和爱好，再去帮他选择适合的读物！家里书不在多，适合就行。

我的女邻居是名校毕业的高才生，正宗的理工科“学霸”型妈妈，同时曾经也是文艺女青年。她喜欢读书，各种类型的图书从不挑食，买书也是大手笔一箱箱地搬回家。家中书柜上的图书更是时有更新，买给自己的同时当然还要买给孩子。孩子上学后她给孩子买的比给自己买的还要多了起来！

前一段时间，我去她家，她看着趴在地上投入到“乐高”世界里的孩子，又指着那一面墙的满满书架，有点失落地说：“小刘同学不如小时候爱看书了！”小刘同学是个男孩，我见过他嗨起来时的能量满满，也见过他静下来时，尤其小时候，捧着比自己脸大得多的图画书看得津津有味时惹人喜爱的小表情！

我忙说：“孩子玩乐高也很好啊，动手又动脑！”

“可是，‘人不读书，一日则尘俗其间，二日则照镜面目可憎，三日则对人言语无味’啊！”邻居又文艺范附体了。

我打趣她：“孩子玩乐高也是要看说明书来拼插完成的，说明书也是书啊！”

她笑起来：“我最近就是没发现他对什么书感兴趣！”

其实，这才是问题的关键。

小刘是个爱书的孩子，在妈妈的熏陶下，从小的确没少看书。只是最近孩子没遇到那本让他兴奋的图书而已！

每个孩子在每个不同的阶段都会有不同的阅读兴趣，这是再正常不过的了！还记得小刘同学在幼儿园时，有一次来我家玩，还带着他喜欢的一本书《垃圾车，来了》。这是一本绘本，满页的图画，文字只有简单的一两行，讲的是夜幕降临后城市里的垃圾是如何被运走和处理的，由于表现的是夜晚，整个画面色调灰暗，在大人眼里这肯定算不上一本好看的书，但在小刘同学的眼里，这简直太棒，太有趣了！他兴奋地给我讲解：垃圾是这样的啊！虽然我对他的表达不知所云，但我能理解，他在阅读中体会到的快乐！

据我所知，小刘上一年级时，他还迷上过一套《丁丁历险记》，冒险、科幻的主题满足了小男孩的想象；还有一个阶段他最喜欢看各种百科，小脑袋里都是问号，不管是人文地理还是花鸟鱼虫，他都想知道！

最近，见到女邻居，聊天的时候得知，小刘同学新近又开始看《哈利波特》系列了，那可是厚厚的好几本啊！

孩子在成长变化，他们的阅读兴趣也有新的版本不断出现，别人推荐的图书不见得适合自家的孩子，父母给孩子选择的权利，但不要给孩子阅读的压力，对于孩子，阅读一定是兴趣所致，这样孩子才会有收获，如果变成为了读书而读书，那么孩子对读书的好感很快就会消失。

每个孩子都有不同的阅读兴趣，书中有现实世界没有的绚烂多彩和无边想象的空间，在孩子还小的时候，就让他们跟着感觉走好了，家长可以和孩子一起阅读他们可能会感兴趣的图书，从而激发他对阅读的喜爱，但不要以自己的好恶来左右孩子，因为他们所理解的世界很简单！

养成阅读习惯，比阅读内容更重要

我们都知道，给孩子养成一个好习惯可以让他们受益终身。在幼儿园时，要努力给孩子养成规律的生活习惯；在上学后要注重培养孩子良好的学习习惯。可以说各种习惯的养成始终贯穿于孩子的生活学习之中。今天我们就要说的一个重要习惯的养成——阅读习惯。

“读书破万卷，下笔如有神”“腹有诗书气自华”“书中自有颜如玉，书中自有黄金屋”……关于读书的好处我们已经知道了太多，其实书真正的妙处在于：它让求知的人从中获知，让无知的人变得有知。可以说读书是一剂适用于所有人的良药，有病治病，无病防病，人人适用！

读书如此重要，每个家长都希望看到孩子能够多读书，读好书。国学经典、世界名著、百科知识，我们为孩子精心准备了一道道饕饕大餐，可结果却不一定合他们的胃口，往往是我们苦口婆心地劝孩子多看书，孩子却更愿意看电视、玩手机。其实在读书这件事上，家长首先要关注的不是让孩子读什么书，而是要先养成一个读书的习惯。当有一天，阅读在他们的生活中变成与吃饭睡觉一样必不可少，与洗脸刷牙一样自然而然时，妈妈就再不用为看书的事情操心了！

阅读习惯的养成与其他习惯的养成的方法是一样：从简单的事情做起，制订计划并坚持执行，让周围的人加入。

小羽是个二年级的女孩，她与妈妈来我家，最感兴趣的就是家里的书。我知道她是个爱看书的小家伙，于是允许她可以随便翻阅我女儿的书柜。小小的人儿就会窝在房间的某个角落，有时干脆席地坐在书柜前，安静投入地看书，那份专注让人不忍打扰，我们大人间的聊天都会不由自主地降低音量，临走她还会借一两本书，过不了几天就会送回来，表示看完了。如果是我读过的书，我就会和她聊几句关于书的内容或者人物，她也会有自己的见解呢！

面对一个这样的孩子，你有没有想要再来一个的冲动？很多妈妈都会跟小羽的妈妈取经。小羽妈妈，一所名牌院校毕业的研究生，文科出身的内蒙古人，大大咧咧与谨慎细致共存。说到小羽的爱读书，小羽妈说受自己的影响是一方面，更重要的是，阅读之于小羽已经成为了习惯。

因为小羽妈是一名编辑，看书是她的日常活动，小羽看到妈妈看书，她也看，虽然看不懂，但看书这个环节是生活中的一部分在她头脑中已经成为一个固有的概念。

当然小羽妈也没有偷懒，在小羽三四岁的时候，她坚持每天给小羽照着小书讲故事。一般孩子都会有一个特点，对于喜欢的事情会不厌其烦地重复。一个玩具玩很久，坏了也不能放弃；穿上一件衣服就不想换，不管天气变幻；看书听故事也是如此，百听不厌，百看不厌。这个特质很多时候会让父母抓狂，但同样也能成就好的结果。小羽妈说，一本书给小羽讲过很多次后，再讲的时候还要跟第一次一样激情满满，真的很难，每当此时感觉自己就是一个复读机，不停地在 repeat，但她坚持住了，也等到了惊喜。不知不觉中，小羽把小书完全背了下来，不仅仅是背，她无师自通地认识了上面的字。是的，小羽妈没有刻意教孩子识字，没有把识字的卡片贴得家里到处都是教她指认，但是通过阅读，在故事的情境里，孩子在上学前就已经认识了很多汉字。

其实，每天给孩子讲故事并不需要太多的时间，半个小时就好，如果你能坚持下来，你和孩子都会有收获。

随着小羽认识汉字的增多，儿童阅读的第一障碍——生字，就基本上被扫除了，小羽不再依赖妈妈的讲故事时间了，她开始主动在家里寻找她的兴趣点，不管什么书她都想拿来翻翻，看看里面的字自己是否都能认识。即使是动了爸爸妈妈的书，父母也不会说："别乱动，你又看不懂！"而是告诉她，看完后放回原处就好。宽松的家庭氛围也成就了这个 8 岁的小"书虫"。

书读得多，见识也就多起来。一天，小羽拿着我家的一个玩具鸟问：“阿姨，这个是受国家保护的那个朱鹮吗？”当时我还是有点吃惊的，朱鹮是只分布在陕西的国家一级保护动物，它并不像大熊猫、金丝猴一样为人所知，对于一个彼时还是幼儿园大班的孩子来说，真的是很难得！我忙问：“你是怎么知道的啊？”答案是：“从书上看的呀！”事后，我和小羽妈说起此事，她也很茫然，表示好像没买过鸟的书，并不知道小羽是从什么书上看来的！

我们经常看到，在许多公共场合父母让孩子安静下来的法宝就是把手机递给他们，而从小就养成阅读习惯的小羽，在出门旅行、办事，在每一个需要等待的时候，阅读都是她最好的消遣方式。

所以对于孩子来说，养成阅读习惯远远比关注阅读的内容更为重要！

安静阅读的好处：提高思考能力

成年人阅读时的常态一般都是安静的，环境与人都是静的，就好像一幅画。孩子们呢？当他们开始学会安静地看书时，就说明他们的小脑袋已经开始学着思考某些问题了！

年龄越小的孩子注意力集中的时间越短，培养和锻炼孩子的专注力，除了游戏（搭积木、做手工等）的方式，还有就是阅读了。我们可以观察到，即使孩子不识字的时候，也同样会被一些图书吸引。可能是妈妈给讲过的书，他们在自己慢慢回味；也可能是一本新书，孩子只凭里面的图画就可以理解大概的含义。这个时候，他们大多是安静的，表情是投入的。虽然孩子们能够坐住的时间不长，但每当看到这样的情景，想必家长的心里都是无比欣慰的。

阅读一词由“阅”和“读”两个字组成，顾名思义，阅就是要用眼睛来看，读当然就是用嘴来照着念了。阅读的过程就是从视觉材料中获取信息的过程。视觉材料主要是文字和图片，也包括符号、公式、图表等。首先把视觉材料变成声音后达到对视觉材料的理解，变成声音的过程就是读，可读的形式就要分为出声和不出声了。我们这里的安静阅读就是指采用默读的方式来读书，自己在心里默默地读，别人听不到我们发出的声音，在读的过程中理解、领悟、吸收、鉴赏、评价和探究所读文章的思维过程。

安静阅读简化了读的过程，提高了阅读的效率，但对阅读者的能力提出了更高的要求。要求大脑在很短的时间内能够理解视觉材料中蕴含的意思，并且进行分析、加工、整理和吸收。

我们会发现，不识字的小孩子看书的时候，一般不出声，因为他们看的都是画书，字很少，他们也不认识，主要是通过图画直观地来收集信息，看到的是太阳、大树、小鸟……脑海中自然就会出现画面中这些形象。

当孩子识字之初，情形就会不一样了。老师一般先让他们进行指读练习，就是用手指着来识字和阅读，并且要求他们一定大声念出来。看图画是形象思维，虽然很多汉字是象形字，但文字之于孩子还是很抽象的，所以孩子需要一个理解的过程，比如看到一个“羽”字，读出声来，然后再在头脑中想到这个羽也许是和鸟有关。因为这个时候他们把文字转化成信息的能力还比较差。给这个年龄的孩子看书，不可急于求成的一下子就从图画时代进入纯文字时代，而是要给孩子选择一些图文并茂，最好是注音版的图书来阅读。精美的图画一方面可以吸引孩子对阅读的兴趣，一方面可以辅助他们对书籍内容的理解，有拼音还可以帮助孩子扫清生字障碍，加快阅读速度。这个阶段的孩子在看书的时候会不由自主地念出声来，虽然还是磕磕绊绊的，语气或者断句的地方都不是太对，你可能会感觉念出声来耽误事，还会影响理解，可对于孩子来说，恰恰相反，他正是在这个过程才能更好地转化和理解视觉信息。

随着孩子识字量的增加，我们再逐步开始要求他们进行安静阅读。在低年级的小学生课堂上，如果老师让做一个小阅读题目，教室里经常出现低语的声音，一些孩子在默默地看，一些孩子可能就会习惯小声念出来才能理解，这个时候，老师会要求："别出声，学会默读！"这很正常，孩子阅读能力的差异，决定他们不同的表现。但你不用太着急，学会默读的过程大多数孩子可以自发完成，不过是早晚的事情。当他们对汉字越来越熟悉，看到一个字、一句话在大脑中马上就能反出相应的意思时候，他们自然而然地就会默默看下去了，而不是一定要念出声来。

你可能忘记了自己小时候刚刚开始识字时的情景，但你一定不会忘了在学英语的时候，明明背了很多单词，可进行阅读理解时，虽然单词都认识，但还是不能做对后面的问题。同理，要想孩子能尽快地学会安静阅读，你要做的不是要他在读出声的时候进行提醒，而是要增加他的识字量，积累词语和句子，并加深对词句意思的理解，并且明白在它们不同的语境下的不同含义。这样他们才能在安静阅读的时候也能理解文章的意思。

当孩子能够安静地看一本没画、没拼音的纯文字图书时，就说明孩子的阅读和思考能力又上了一个新台阶。安静阅读能提高思考能力，思考能力提高了孩子才能安静阅读，这是相辅相成的两个方面。

大声阅读的好处：提高表达能力

前面我们说了，所谓阅读，形式上只有两种方式：出声和不出声。上一节讲了安静阅读，这一节我们就来谈谈大声阅读的好处。

留着山羊胡的老先生眼睛微眯端坐桌前，或手背着手来回踱步，几个儿童手捧线装书卷正在摇头晃脑地大声诵读“弟子规，圣人训。首孝悌，次谨信。泛爱众，而亲仁……”说到大声阅读，你的眼前就会浮现这样的场景吧！我知道你一定没少看电视剧！这句是玩笑话，但从古至今孩子的启蒙教育的确都是从大声朗读开始的。

现在的学校在上正课之前一般也都会有晨读时间，因为经过一夜的休息，早晨头脑清醒，思路清晰，记忆效率高，大声读书有利于理解和记忆知识。你自己关于学校的记忆里，除了教室墙上的“好好学习，天天向上”，操场上破旧的篮球架的投影，一定还有教室里传来的琅琅读书声。

大声阅读除了理解和记忆知识以外，还有一个非常重要的作用——提高表达能力。

演员在表演时能够声情并茂、声音响亮、抑扬顿挫、恰当地掌握语速的缓急和语气的轻重，将他们自身的情感融入到角色中去；主持人能够根据现场的情况随机应变掌控和调整节目的进程；演说家能充分调动你的情绪，让你欢呼让你落泪。他们的感染力从何而来？主要来自于他们出色的表达能力。

表达能力包括语言、声音、表情等多个方面。而大声阅读则有利于培养语感，形成对语言敏锐的感悟力，能够大大提高了语感素质。

博宇的父母都是医生，工作很忙，博宇主要是由老人带大的，他性格内向，胆小，尤其在生人面前更是不敢讲话。博宇父母乐观地认为，等孩子大一点自然就会好的。可孩子上学后，老师提问，他常常因为紧张而答错。虽然老师会刻意多给博宇回答问题的机会，但这会令他更为紧张，反而影响了他的听课质量，老师和博宇的父母沟通了这个情况后，博宇的父母才重视起这个问题。

他们首先想到的是给孩子报一个演讲与口才的培训班，可去试听的时候孩子表现出很强的抵抗心理，老师给他们的建议是先回家在没人的地方进行大声的阅读训练，也许会有改善。

从此博宇家每天都有一个活动项目就是朗诵会。父母和他轮流或者一起大声阅读，阅读的内容除了博宇的课文，主要就是诗词。

博宇的父母选择是对的，诗词是最适合诵读的文体。在大声朗诵的过程中，我们可以品味出诗词的语言美，领略诗词的节奏美，欣赏诗词的韵律美，感受诗词的情感美，体会诗词的意境美。

起初博宇感到无趣，总是想应付了事，父母也不强求于他，但每天听到父母认真朗读，看到他们坚持的态度，博宇心中终于燃起了小火苗，也热情的投入进来。

大声地阅读，博宇在倾听自己的声音中逐渐找到了自信，获得充实和满足。在长久坚持的过程中，博宇不知不觉也积累了大量的诗词，知识储备也不断增加。

新学期之初，学校组织赛诗大会，妈妈和班主任老师讲了孩子在家的练习情况，于是老师选了博宇和其他两名同学一起代表班级参加比赛。由于长期反复的诵读，这些诗歌仿佛印在了博宇的脑中，在比赛时，他不经思索就能脱口而出。结果就不用我说了。

博宇通过大声阅读克服了胆怯心理，找到了自信，终于可以在课堂上自如地表达自己的想法了。

说到这里，我突然又想起一个人，就是“疯狂英语”的创始人李阳。虽然他的家暴事件为人诟病，但我们还要承认他在英语口语教育方面的成就。李阳在大学一二年级时两次补考英语，为了彻底改变英语差的窘况，李阳开始奋力一搏。他摒弃了偏重语法训练和阅读训练的传统，另辟蹊径，从口语上突破，并将考试试题变成郎朗上口的句子，从而脱口而出。经过四个月的艰苦努力，李阳在大学英语四级考试中一举获得全校第二名的好成绩。后来李阳因出色的英语水平被调入电台成为英语节目主持人，并创办了“疯狂英语”，帮助很多人突破自我，敢于大声地说英语。

在家里父母不要只是让孩子埋头看书了，也要鼓励他们适当地大声阅读，不管是中文还是外语，相信他们都会从中有所收获。

反述阅读的好处：提高记忆能力

看到题目中“反述”这个词让你感到有点新鲜吧？不要以为我写错了，没错！我不是讲“反复阅读”，因为我知道你一定以为我要说的是“书读百遍其义自现”的道理。NO！就是“反述”！哈哈，不绕弯子了，我们言归正传！

在孩子的学习过程中，尤其是语言的学习，老师常常会要求孩子们背诵一些名篇经典，句式段落。看到大段的文字，孩子们还没开始背，就会产生畏难情绪，小和尚念经一般读了很多遍课文，家长过来检查时，还是不能完整流利地背诵下来！数学题不会做，父母来讲解，可这课文不会背，除了监督和检查我们好像帮不上什么忙！

其实，办法还是有的，今天我就来告诉你一个提高记忆力的好办法——反述阅读。

当孩子拿到一篇需要背诵的课文的时候，先让孩子反复大声地多读几遍，目的就是让他们在读的过程中更深入地理解文章的内容。注意：这里的反复读不是像背诵那样，一句话或者一个段落地反复读，直到能够背诵为止，而是通篇阅读，掌握文章的叙述方法，了解起承转合，领悟作者的写作思路。然后把书翻扣于桌子上，让孩子大概复述文章的内容，可以让他对着墙说给自己听，当然如果你有时间过来听孩子讲更好。遇到卡壳的地方，再拿起课本，看看作者是怎样表达的，然后再接着复述，直到文章结束。然后再拿起书读一遍，然后再复述，如此重复几遍后，你再让孩子来背诵，就会发现孩子在理解的基础上很快就可以把文章背诵下来了。

看起来感觉有点周折！没关系，我们举例说明。

叶圣陶先生的诗《瀑布》在一些儿童读物中都能看到，同时它也被收入小学语文教材，并且是要求背诵的篇目。请允许我先引用全诗如下：

还没看见瀑布，
先听见瀑布的声音，
好像叠叠的浪涌上岸滩，
又像阵阵的风吹过松林。
山路忽然一转，

啊！望见了瀑布的全身！
这般景象没法比喻，
千丈青山衬着一道白银。
站在瀑布脚下仰望，
好伟大呀，一座珍珠的屏！
时时来一阵风，
把它吹得如烟，如雾，如尘。

这是一首饱含深情的风景诗，通过对瀑布的生动描写，突出祖国山河的壮丽。该诗语言简练，韵味十足，比喻生动，词句贴切，描绘了瀑布的雄伟壮丽，抒发了作者对大自然的热爱之情。诗句使用叠句、对偶和排比，十分富于节奏感。

可这些对于小学低年级的孩子来说，似乎有些空洞，他们不可能完全理解诗中的情感，在这种情况下让他们背诵全诗还是有一些难度的。

诗本不长，但相对于孩子们背诵比较多的五言、七言的古诗，还是略微长了些。孩子们背古诗时，基本都是靠死记硬背，好在字数少，还是很容易记下来的，面对这种新诗，靠死记硬背就不适合了。

所以我们的方法就可以派上用场了。在孩子熟读全诗的基础上，我们可以帮他分析一下诗的结构和内容。全诗共三节，每节四句，分别描写听见瀑布的声音、远看瀑布及近看瀑布的情景。然后让孩子合上书，回想这三节都是怎么说的。孩子小可以采用问答的形式帮助孩子复述。

家长：“第一节说的什么啊？”

孩子：“还没看到瀑布就先听到声音！”

家长：“瀑布的声音是什么样的啊？”这时如果孩子答不上来，可以看书回答，但不要用原文。

孩子：“浪涌上岸和风吹进树林里的声音。”

家长：“听到声音后我们是不是就快看到瀑布了！第二节该是什么啊？”

孩子：“山路一转就看到了！”

家长：“瀑布长什么样啊？”

孩子：“太好看了，都形容不出来。”

家长：“对啊！看看作者是怎么形容的吧！”

……

我们就采用这个方式引导孩子回想和复述全诗的内容，然后再让孩子带着刚刚没有想起来答案的问题，回到书本上，再继续读上一到两遍，然后再让孩子来复述诗的内容。孩子复述期间遇到想不起的地方，家长仍旧可以用问答式的提醒，直到全文结束。如此两到三遍孩子可以自己来讲述这首诗时，我们就可以让他阅读几遍原文后开始试着背诵了。在这样深入理解的基础上，孩子往往用不了几遍就可以顺利的背诵原文了。经过这样记忆的知识不但印象更为深刻，也更加不容易遗忘。

怎么样，我的办法你明白了吗！那就快去试一试吧！对成年人也是一样有用哦，只是你就自问自答好了。

顺便说一句反述阅读不但可以提高记忆能力，也是锻炼表达能力的好办法，用来练习外语的口语也是很有效的！

短篇阅读的好处：提高阅读兴趣

关于阅读这个话题，我们可说的方面太多了，单就阅读的好处而言，不同的阅读方式，不同的阅读内容，也都会带给你不一样的体验和益处。

兴趣是最好的老师，我们都知道孩子的兴趣不是自来就有的，必须要去挖掘和培养！讲故事是个好办法，我们的理想状态是，希望孩子被故事所吸引，接着自然而然地对手中那些写着有趣故事的书感兴趣，然后就会主动申请自己看书，就喜欢上了阅读。就好比店铺门前的促销员，不管说得多么热闹，最终目的是让你购买他家商品，父母讲故事也是希望吸引孩子去阅读！

可悲催的是，一些故事适合家长来讲，并不见得适合给孩子看！给孩子选择图书，真正是一门技术活！太简单，孩子觉得无趣、太复杂，孩子看不下去！孩子的想法总是那么单纯和简单，如果他觉得自己看书远没有听故事来的有趣而省力，那你说他会怎样选择呢？起初他们吃鸡蛋，还会问鸡蛋从哪里来的，时间长了，他们就只吃鸡蛋，可不再去关心那个鸡蛋是谁下的了！意不意外，惊不惊喜！完全不按套路出牌！

故事讲得太精彩，难道错了！别害怕，讲得好，很棒！只是书选错了啊！

到图书馆或者书店，书籍都会按照不同的类别来分别码放，方便读者根据自己的需求借阅或者购买。我们需要社会科学类还是自然科学，要看小说还是学管理，是去旅游还是学烹饪，按照分类就会快速地找到适合自己的图书。不过在孩子的眼里，最简单的分类就是按厚度了，看看页数就知道了啊！看本短的，还是看本长的呢？

在孩子阅读之初，他们是盲目的，并不知道自己真正要什么。这时的父母一定要保护孩子的好奇心，给他们准备一些符合他们的认知、故事性强、有趣的图书，当然还要注意应以短篇为主。

阅读短篇，可以在短时间内获得一个完整故事，让孩子感受到阅读的成就感！这种感觉很重要，是推动他们继续读下去的动力。选择孩子感兴趣的书，才会逐渐提升孩子的阅读兴趣。

小悦是女孩，小寒是男孩，他们俩是同龄的小伙伴，都上二年级。小悦和小寒的妈妈是好闺蜜，所以他们有很多机会经常在一起。上学前，男孩女孩差别不大，他们可以一起愉快的玩耍，慢慢地就不一样了。他喜欢乐高，她喜欢芭比；他喜欢户外活动，她喜欢室内游乐。在小悦妈妈看来因为性别的因素而有不同爱好，这很正常，可令她感到别扭的是：小寒看起来是个淘气的男孩，但在家的时候却能静静地看一下午的书，都是有点厚度的纯文字图书了，并且涉猎范围还很广。而自己的孩子小悦，虽然看起来很安静，也可以在家静静地待一下午，但却很少看书，还停留在一些图画书的层面上！这成了她心里的一个梗，于是小悦妈妈赶紧行动起来！

再去小寒家时，小悦妈妈总是会留意观察，小寒在读什么书，他家书柜中有哪本书自家还没有。虽然家里的图书已有不少，小悦很多并没有看过，但回去后，她还是会去把没有的书买回来，接下来当然就是督促小悦开始看书了。

每个孩子的客观差异是一定存在的，即便是相同年龄，身心发展情况也会有所不同。此时的小悦妈妈已经忘记了这些。小悦在小区的跳蚤市场上买到一本《公主故事》识字书，因为里面的公主都很漂亮，一本书分为几个故事，也都不是很长，所以小悦很快就看完了。后来小悦在超市的图书区看到了这个系列的其他几本，便想让妈妈给她买，可小悦妈妈认为看这种故事书对于她这个年龄来说过于幼稚，再说在超市里买的书一定好不到哪里，不如看些经典的图书才更有意义。回家后，面对妈妈精心挑选的所谓那些即有趣又长知识的图书，小悦根本提不起兴趣，刚刚点燃的那么点阅读兴趣，一下子就消失不见了。

小悦妈妈没有尊重孩子的阅读兴趣，而是把自己的想法强加给孩子，不但没有帮到孩子还打击了孩子的阅读热情。父母都希望自己孩子是最好最棒的，可也要学会面对现实，有的孩子可以进行超龄阅读，能够理解书中的含义，但有些孩子可能就要降低标准，阅读低于自己实际年龄段的读物，这也并没有什么。

家长一定要摒弃“功利性”“攀比性”阅读，更不能用“有用没有”来评价孩子的阅读，你所要考虑的就是孩子的接受水平和兴趣所在。不要认为只有能读“大部头”的图书，才是能力强。

“浓缩的都是精华”，短篇的阅读可选择的内容也是很丰富的。童话是儿童文学体裁中重要的一种，丰富的想象，夸张、象征的意象，塑造生动真实的形象，语言通俗，情节曲折，篇幅也都不长，值得推荐给孩子阅读。作为智慧结晶的寓言故事更是短小精悍而含义深刻。诗歌语言凝练而生动，具有鲜明的节奏、和谐的音韵，经常让孩子阅读，可以让他们感受到意境、韵律之美。

爱上阅读如同爱上一个人一样，有些人感情炽烈一见钟情，有些人却为小事感动而日久生情。如果你家的是那种不谙世事，不知如何爱的慢热型孩子，那么就一定从短篇开始，慢慢积累情感，提升兴趣，相信他最终也会爱上阅读，只是时间的问题而已！

长篇阅读的好处：提高自控能力

当孩子在短篇阅读中体味了阅读的快感，对阅读的兴趣愈发浓厚起来之后，是时候让他们尝试看一些厚一点儿的书了！

我们抛开从书籍中获得的知识、启发或者思考不谈，就长篇阅读这个过程而言，它本身是一个锻炼和提升孩子自控能力的好办法！

在阅读一本大厚书时，孩子容易呈现两种状态：其一，手不释卷地完全沦陷其中不能自拔，关键词是废寝忘食；其二，为完成任务不得不看的被动行为，关键词是偷工减料。

这两种都不是理想状态，爱看，不休不眠地看会影响身体健康，对正常的生活和学习造成影响；不爱看，强迫看，应付了事，只是白白浪费了大把的时间而没有得到相应的知识。这两个状态怎么破？靠的就是自控能力！

我的同事小何有一天忧心忡忡地跟我说：“我发现浩浩在看言情小说，我还没跟他当面说这个事呢！你说我该怎么办？”

我一听也是有点感到意外，浩浩是她家儿子，一个刚上小学六年级的孩子，我们通常认为看言情小说那是女孩子的专利，并且起码也是要上初中以后吧！十一岁的男孩，如果看曹文轩、杨红樱的小说很正常，看言情，作为母亲感到担心也是可以理解的。

我问小何你是怎么知道的？浩浩的书是从哪里来的？最近学习有没有受影响？

小何说，虽然浩浩是自己一个房间，但一般在孩子睡了之后她都要过去看看，自己才能放心睡觉。但不知为什么这几日孩子明显睡得比以前要晚。昨天晚上她进房间后不小心碰掉了桌上的英语书，赶快小心翼翼地捡起来，放回书桌的时候发现英语书原来是压在一本小说上面的，看封面好像不是自家的书，拿起来一看，竟然是一本言情小说。她马上回想起来，前几天在班级的群里看到一些家长讨论过孩子之间互相借阅小说的事情，因为在工作时间比较忙就没有仔细看，当时她还认为孩子爱看书不是好事吗？现在她一下子都明白了！

我劝她不用太担心，晚上回家可以直截了当地问问浩浩，就说在家长群里得知很多孩子在看小说，问浩浩有没有，看的是什么书？但一定要注意首先要表明对孩子的理解。你小时候听评书，当说书人讲到：“忽听有人大喝一声！要问来者何人，且听下回分解！”时，你心里是不是也很痒，总想明天快点来，好知道下面的情节？

孩子看小说，被情节吸引不由自主地看下去，睡晚了，也很正常！要好好和孩子谈，不用起急，更没必要责备孩子，但要让孩子知道，这种书用来看看不是不行，但不能沉湎其中，里面的故事不是现实，更不能为此熬夜而影响休息，在学习空隙偶尔看一下作为放松，妈妈也是允许的，没必要掖着藏着。切记要疏导而不是压制，在处理很多孩子的事情上，往往越是压制反弹得越是厉害。

过了一段时间后，小何表情轻松地又说到此事。她说家长总是太容易焦虑，那天晚上吃饭时，她假装不经意地和浩浩谈到看小说的事情，浩浩看妈妈没有大惊小怪而是很平静的样子，于是大方的承认自己也看了。小何赶忙表明态度，并且希望孩子自己能控制好时间和把握住度，浩浩表示愿意。果然孩子接受了妈妈的建议，学会了刻意地控制自己，后来基本上就不看了，因为浩浩说感觉也没那么有意思。

塞翁失马，焉知非福！小何担心孩子看言情小说不好，但通过这件事，让孩子学会了怎样更好地控制自己，只要处理得当，如此说来这却是一桩好事。

我姐姐是中文系毕业的，她看了那么多书，怎能容忍自家孩子不读书呢！我外甥女不管到哪去，随身的包里一定是有一本书的，我姐给她制订了满满的读书计划，并且监督她一定要按计划完成。一次暑假，我姐出差，孩子就到我家住了几日，她带来我家的是一本《红楼梦》。

对于一个小学生来说读懂《红楼梦》的确有难度。

我问孩子："你妈妈让你每天看完几回？"

孩子马上愁眉苦脸说："五回！我妈说等她回来时，要让我读到第六十回：《茉莉粉替去蔷薇硝，玫瑰露引出茯苓霜》"

我问："你能读懂吗？"

孩子没有底气的说："大概吧！"

"小姨,你看过这本书吗？你给我讲讲呗！"孩子马上央求我道。

我明白她是想知道了内容，回来就可以应对她妈妈的提问了！显然,这部书对她来说太长太深,但迫于妈妈的压力她不得不读下去。

我鼓励她说："你看，这本书一共一百二十回，你每天读五回，用一个月的时间就能读完这么厚的一本书是不是很有成就呢！即使你不能完全理解里面的内容，你能每天都做同一件也许目前还没有兴趣的事情，如果坚持下来，可以提升你的自控力，以后你做事情会更快、更好呢！我先来给你讲讲这里面人物之间的关系好不好呢？"

读书就好比吃饭，有的遇到喜欢的就一下子吃很多，没有可口的就干脆不吃；有些人从不挑食，能很好控制自己不会暴饮暴食，后者一定比前者健康。孩子进行长篇阅读的时候也是如此，当他能够从第一类人变成第二类时，他不但能从中吸收营养，还会大大提升自控的能力。

慢读和精读，让孩子真正爱上阅读

在科技迅猛发展的今天，电子化阅读越来越多，打开手机图文并茂的文章扑面而来，真是前所未有的方便。可是在我看来这样的阅读更适合查阅资料，关注浏览八卦新闻，即使是看电子版图书，往往也会随着屏幕的滑动，少了那份埋首书香之中的沉静与思考。是的，生活中的一些信息可以快速阅读，但真正走心的阅读必定来自于手持书卷的慢读、细读、精读、深读。

在指导孩子阅读的过程中，家长切莫急功近利追求阅读的量，一定要让孩子能够在阅读中慢下来，学会精读，这样孩子才能真正爱上阅读。我们教育孩子要好好学习，旧时的父母则对孩子说要好好读书，其实目的都是一样的，就是要通过读书让孩子能获取知识、活跃思维、提高自我。读过书和没读过书自然是不一样的。

形容一个人知识丰富，会说他博览群书，可你仔细想想，能够在人身上真正起作用的，一定是他从书中真正读懂、读通、读化了的那几部分。多读书固然是好的，可以吸取更多的知识，但我们不要只注重广度而忽视了厚度。如果你没有过目不忘的本事，有些书我们还是要慢慢读、细细品才会知道各种滋味的。

对于青少年来说，读书还是要精读的好。年少正是读书时，精力旺盛，记忆力尤其好，如果能够精读，对书中的精髓部分反复阅读，甚至能够背诵，那就会终身不忘，到用的时候很自然地就会运用自如。我们都有体会，小时候背过的课文、读过的诗到现在仍然记得，而你上大学时看过的书或背过的英语单词，如果现在的工作中没有用到，很多就随你的青春一起逝去了。你想想是不是这样？

能力的培养，知识的深入哪个离得开反复强化？在中小学阶段我们就是靠老师精讲课文，大量反复练习，才练就这身童子功。道理其实很简单，简单到你都觉察不到。可是失去却很容易，我们自己在大量的碎片化阅读中，逐渐失去了精读、慢读的能力，变得越来越没有耐心。对待孩子的时候，看到别人买了什么书，听说谁家孩子都读了多少本书，就会陷入焦躁之中，容易盲目地追求量，而忽视质。

我们可以给孩子开列书单，但不要一味催促，如果有时间可以和孩子共读同一本书，互相监督、互相促进、互相交流。快速地阅读往往使我们浅尝辄止，精读则是不遗漏任何重点信息，吃透文章精髓。古人云：熟读唐诗三百首，不会作诗也会吟，就是此意吧！

我们说的慢读不是做到只字不差的阅读，而是用慢下来的平静心态去品读。

大人尚且浮躁，孩子更易如此，拿过书来翻翻知道了大概就认为这本书算是读过了。知道书中说了些什么，这是比较容易的事情，然而，要把书中的财富，变成自己的，那就要费些功夫了！现在出版了很多标注着适合小学生读的经过缩写、简化情节的中外文学名著，我是不太赞成这种方式的。之所以成为经典，成为名著，靠的不仅仅是故事情节。俄国作家列夫·托尔斯泰的长篇小说《安娜·卡列尼娜》，你如果只是看故事梗概，了解到的无非就是一个贵族妇女追求爱情，幸福不成，最后卧轨自杀的悲剧。而事实上，这本书是新旧交替时期紧张恐慌的俄国社会的写照，矛盾的时期，矛盾的制度，矛盾的心理，使全书在矛盾的旋涡中颠簸。书中描绘了从莫斯科到外省乡村广阔而丰富多彩的图景，先后描绘了一百五十多个人物，是一部社会百科全书式的作品。如果你不精读，这些是根本无法体会感受得到。

一些故事性强，娱乐大于教育的儿童读物我们可以让孩子去快速地阅读，但是一些经典作品，一定尽可能地让孩子去精读。慢读、精读你才能与作者同步，当你仔细品读的时候，就会发现，你不是所谓被动接受知识，而是和作者一起洞悉事情的本质，让你更清晰地感受到作者的独到之处，你要让孩子体会到精读一本书会远超过以普通方式阅读一本书的收获。

在精读的过程中，书中的某个点可能会激发人内心深处的东西，你要让孩子拿起纸笔，记录下作者精彩的观点和他自己的感悟，当孩子养成写读书笔记的习惯后，就会发现获取知识的速度会更快，效率会更高、思维也会更加活跃。

如果把读书比作旅程，每本书都是路上的风景，如果你从不停留，就只能看到表象；如果能在适当的地方驻足去深入其中探索，你才有可能领略到其独特的风光。

让孩子爱上阅读，始于兴趣，陷于情节，忠于作品。所以要让他们学会慢读、精读，这样他们才能从心智的增长、精神的养育、思维的提高中真正爱上阅读。

在家泡书房，外出逛书店

记得早先少年时
大家诚诚恳恳
说一句是一句

清早上火车站
长街黑暗无行人
卖豆浆的小店冒着热气

从前的日色变得慢
车，马，邮件都慢
一生只够爱一个人

从前的锁也好看
钥匙精美有样子
你锁了人家就懂了

读着木心的这首《从前慢》你是不是感觉到一种安宁与恬静，忽然就会怀念起旧时的慢时光。

现在的资讯如此发达，掏出手机，我们马上就能得知世界各地正在发生着什么，身边的朋友都在干啥，可心却越发浮躁起来。可以品茗、看书、安静、恬淡的日子都去了哪里？忙工作，忙生活，忙孩子，有时还会控制不住地对孩子发火，面对这样的自己，你是不是也感到很糟糕！你匆忙急躁，孩子就会焦虑不安；你从容淡定，孩子也会心态平和！孩子的状态就是你状态的映射。最近你正在读哪本书？如果有人问你这个问题，你能马上回答上来吗？如果不能，那么，就快点调整好心态和孩子一起来读书吧！因为很多时候一种无法言喻的心安大概只能从静默的山野田林和铅墨书香中获得。

在家里一定要有一方天地是用来阅读的，这里安静、舒适，是最自在的处所，在书中你的心自然就会放松下来！

现在很多年轻的夫妇，自己静不下心看书，却很愿意给孩子买书，仿佛要把自己没空读、没心情读、没耐性读的书都一股脑地补到孩子身上。让孩子多读书是好的，但更重要的是需要有大人们的亲身参与和积极指导，才能提高孩子的阅读兴趣。所以，不管你有多忙，还是要抽出时间多陪伴孩子在家一起读读书吧，家务可以请人来干，但对于孩子的教育父母的作用却无可替代。

在周末或者节假日，你通常是怎样安排的？带孩子到户外看看山山水水、花花草草，让他们撒开欢地跑跳玩闹，这都很好。可如果赶上严寒、酷暑、刮风、下雨，就只能窝在家里或者陪妈妈逛商场了吗？当然不是，我给你提供一个再好不过的选择，那就是逛书店。

你会说，在家让孩子看书，出门还让他看书，他能乐意吗？再说我已经买了好多书了，放在那儿，他还都没看完呢！你多带孩子去几次书店试试就知道我的主意好不好喽！至于说你家里买再多的书，数量始终是有限的，再小的书店，书的种类和数量一定比你家里多啊！

常带孩子逛书店，是从行为上对孩子的引导。阅读是没有时间地点限制的，但是一个好的阅读氛围确实是能帮助孩子养成阅读的兴趣。在书店里可以开阔孩子的视野，了解书的多样性，找到自己真正喜欢的书，最直接地感受到浓郁的读书氛围，从而产生读书的愿望。

网购的确影响了实体书店的销售，但是实体店始终有它不可替代的作用，那指尖留存的墨香，那流动的优雅音乐，那精心设计的阅读环境，无不让孩子从小就体会到阅读之美，人文之美，知性之美。

周末我买菜回来，在小区门口遇到老李父子，叫他老李，其实他并不老，也不过四十岁，不过据说在他博士毕业时，这聪明的脑袋上头发就已经不多了。他的儿子小李 7 岁，一个一年级的小朋友。不用问就知道这爷俩儿又是去逛书店了。小李的妈妈说，以前周末让老李带一天孩子，那个难啊！爷俩儿一会儿就会因为各种原因跑去找她评理解决矛盾。自从养成了去书店的习惯，周末变得轻松了，他们俩去书店，她就可以安心在家买菜、做饭、干家务。

这话还要从小李上幼儿园的时候说起，小李生性好动，坐不住，在幼儿园里总是因为这个原因得不到星星，孩子的情绪变得很低落。老师说，阅读可以培养孩子的专注力，让小李的父母可以试着多带孩子读读书。

小李妈妈说，男孩要爸爸多陪陪，再说这老李专业读书二十年，赶快和儿子一起读吧！老李开始试着给孩子讲睡前故事，结果变成比比看讲故事的和听故事的谁更快睡着，很长时间没有讲完过一本书。这个办法行不通。后来老李又带孩子去图书馆，那真是阅读的好地方，不只是安静，是真安静啊，虽然有阅读的氛围，但是图书馆太严肃了，哪儿适合刚上幼儿园的孩子，低龄的孩子在那里太压抑了，待不了几分钟就叫着要走了。

有一次，老李去书店买书，发现这个环境好像更适合自家孩子。虽然书店里有点嘈杂但不喧闹，来这里的人都不追求特别的安静，也少了股子严肃的气氛，只要孩子不大声追跑打闹，即使发出些响动也不会影响别人，而且书店专门开了一块儿童阅读专区，有很多同龄孩子在一起，孩子很容易就接受了这个地方。

小李从最开始的绘本、动漫，到现在的科幻、历史，孩子的阅读兴趣越来越广泛，专注力也越来越好。

带孩子逛书店尤其是低龄段的孩子，是很好的培养阅读兴趣的方式，一是书店环境没有图书馆那么严肃，孩子容易接受；二是，同龄的孩子很多，孩子间很容易打成一片，互相交流自己读过的书籍，交到朋友；三是，这样带孩子很轻松，书读进去了兴趣就来了，书店也是相对安全的公共场所。在书店里家长可以带着孩子一起阅读，或是共同阅读讲故事，或是分开各自读各自的，怎样都随你！如果你觉得西单图书大厦里人太多，现在还有一些专门的亲子书店也可以去体验下啊！

在家泡书房，出门逛书店，轻松省钱，遛娃好选择。而且，夏季来了，书店里很凉快，是一个避暑还热闹的好去处，并且还不用担心待久了会被轰哦！

第三章

巧培养：如何让孩子爱上学习？

学习不是孩子生活的全部，但却是孩子一生赖以生存的技能，这里所指的“学习”，不单单是学校里、课堂上、书本上的知识，而是一种综合的学习兴趣、学习能力。作为父母，要有意识地培养孩子的学习兴趣，因为无论孩子做什么事情，兴趣永远是最好的开始。

在学之前，我们先谈谈玩

在各种才艺比赛的电视节目里，在身边亲朋好友的聊天里，在亲身了解和接触的孩子中，我们经常会被萌娃们的不俗表现所惊到，感觉现在的孩子真是越来越厉害了，小小的年纪除了学习，还都有一技傍身。想到自己至今可能除了赖以谋生的工作都没有拿得出手的特长，回忆起童年则满满的都是与玩有关的记忆，不禁感到惭愧。

但是你有没有发现，如今的孩子们具备越来越丰富的知识，越来越专业的技巧，越来越成熟的表现，可是有一个欠缺是普遍存在的，那就是他们越来越不会玩了！

开玩笑！不会玩怎么能说成是欠缺，那不正好吗，可以好好学习！再说玩有什么会与不会啊。你是这么想的吗？我相信一定有这样想的家长，而且还不是少数。

所以，在谈如何让孩子爱上学习之前，我们先来谈谈玩！

玩本是孩子的天性，是他们学着体验的过程，它能释放孩子与生俱来的好奇心，让他们更有创意和活力，玩不仅可以培养孩子的创造力，还可以锻炼孩子解决问题的能力，并且学会与别人协作和如何关心他人。

每当寒暑假来临，都是家长最为头疼的时候，不上学了，年龄小的孩子整天黏着大人陪他玩，年龄大的孩子则宅在家里不是抱着 iPad 就是拿着手机，你不轰他出门，他就可以一直待在家里，也不会烦，因为他们的朋友在微信里，他们的队友在游戏中，他生活在网络里。为什么会是这样，因为他们不会其他的娱乐和减压方式，他们害怕独处，他们不爱运动，他们越来越不会玩了。

怎么形成了这样的局面？孩子小的时候，除了担心他的安全，其实更多的时候是因为我们怕麻烦，对孩子说了太多的“不”，从而压抑了孩子玩的欲望。把孩子管成低眉顺眼、垂手呆立的“少年老成”，这是不可取的。

俗话说“淘丫头出巧，淘小子出好”，此话虽不完全正确，但也有一定的道理。孩子在“淘气”中潜在着求知的渴望、认识的提高和智能的发展。他们在“淘气”中，通过观察、触摸、谛听以及联想，使视觉、触觉、听觉、嗅觉、味觉都得到锻炼和发展。正是在“淘气”中，由于经验的积累，思维能力的提高，他们才逐渐认识了纷纭复杂的大千世界，从无知变为有知，从愚昧变得聪明，从幼稚发展为成熟。

家长眼里的“淘气”之于孩子，只是玩的表现方式而已，在很多情况下，“淘气”是孩子聪明、富于想象力和创造性的表现。作为父母，我们应该保护孩子的“淘气”，赏识孩子的“淘气”，让孩子在玩中学习，在玩中进步。没有一个孩子不爱玩，只有程度不同。那些看似挑战、不听话的举动常惹火家长，但这正是孩子有独立想法的表现，此时的家长一定要走出“听话教育”的误区。过分听话的孩子往往是缺乏独立性的表现，千万不要认为孩子聪明就是学习成绩好、听话守纪律，而忽略了对孩子的创造力及其潜能的开发与培养。爱玩、会玩的孩子往往比较聪明、有主见、意志比较坚强，家长只要善于引导，这样的孩子更有可能成为一个极具创造力的人。

所以我们应该尊重孩子的天性，只要不是出自愤怒、故意的或怀有恶意的、会使他人受到伤害的行为，家长都应当大度一些、宽容一些，从孩子的成长过程来看，玩可以激励孩子的学习兴趣、激发孩子的创造力，玩才是对学习的真正激励。即通过玩耍将好奇心、兴趣变成激情，并成为一种信念和目标。因此，有意义的玩耍比学习成绩重要得多。

所以家长应该鼓励孩子适当地玩、科学地玩，并且在必要的时候陪他们一起玩，玩也是一种教育方式，在玩的过程中家长要注意以下三个方面。

学会大家一起玩

在如今独生子女仍是主流的家庭结构中，孩子往往缺少同龄的伙伴，即使家长可以蹲下来用和孩子一样的视角来看待周围的事物，但你的思维毕竟无法变成孩子式的，所以别怕家里乱，别嫌孩子烦，经常邀请小朋友到家里来一起游戏玩耍，帮助孩子创造一个接触他人、与人交友的机会，让孩子学会大家一起玩。

激发兴趣，创造性地玩

对于孩子，玩就是简单的快乐，他们喜欢的事情就会反反复复地去做，可能这件事情在别人看来毫无意义，但他自己非常感兴趣。作为家长，不要认为是浪费时间而去制止，应该鼓励他们发挥主观能动性，积极去探索有创造性的新玩法，也许会得到意想不到的效果。

走出家门，亲近自然

如果条件许可，爸爸妈妈每个假期都可以带着孩子去旅行，放下书本，让孩子在不同的地方了解到不一样的民俗风情、历史文化，让孩子开阔眼界，体会到行走中的快乐。

在日常，家长要多带孩子亲近自然，因为在户外活动中，孩子们不但能强壮身体，更利于孩子开阔心胸，释放情绪，让孩子切实地感受到春天的温暖，夏天的热情，秋天的收获，冬天的雪白！

把学习变成娱乐其实并不难

我们相信“书山有路勤为径，学海无涯苦作舟”，我们常说“业精于勤荒于嬉”，我们努力做到“笨鸟先飞”……这些都没错，勤奋永远是取得胜利的法宝。但是对于孩子而言，在他们还未真正理解学习的含义的时候，过多地给他们强调学习的艰辛，也许并不是一个好的选择。

怎样寓教于乐，让孩子在自然欢乐放松的状态下开始学习，是一个值得我们思考和研究的课题。那么，作为父母，快点来摆脱“监工”身份，帮助孩子把学习变成娱乐，成功变身他们的“玩伴”吧！

坐在书桌前，不见得就是学习，好的游戏和娱乐，一样可以有收获。如果你发现自家孩子具备这些特征：凡事都喜欢追问为什么、喜欢评论事物、喜欢尝试、思考变化多、反应迅速、不受已知信息的限制，那么恭喜你！他极有可能成长为富于创造性的孩子，千万不要嫌他动个不停，问个不停，而是好好把握他的特质，适时地把知识融入进去，和他一起嗨起来吧！

在学龄前阶段，孩子要学的是生活常识、安全常识，要养成良好的生活习惯，培养自理能力，这些都可以融入娱乐中，让他们在不知不觉中理解和自觉运用。

角色扮演是非常适合孩子的游戏方式。他扮演一名医护人员给病患去缝合伤口、打针、吃药，可以克服自己去医院看病的恐惧心理；扮演一个餐厅服务员去给食客点餐上菜，可以学会与人沟通交流和为他人提供服务；扮演一名交通警察在马路上执勤纠正违章，可以让他们认识交通标志和学会遵守规则……总之，在游戏的世界中，一切皆有可能，孩子可以成为任何角色并且无所不能。

塔积木、躲猫猫、拼图……这些游戏都很益智，孩子也喜欢玩。在玩耍的过程中，孩子双手的灵巧性受到锻炼，四肢运动与大脑思维有效链接，从而开发孩子大脑最富创造性的区域。

孩子上学前，我们不用总是想着怎样把学习变成娱乐，只要给孩子宽松的氛围，让他们可以发挥想象，安全自由地玩耍，对于他们来说就是最好的学习。

孩子上学后，怎样让孩子更好地理解课本知识，寻找适合自己的学习方式，建立良好的学习习惯，这才是家长最需要动脑筋和努力实践的一个阶段。这时候如果能把学习变成娱乐，让孩子能在学习中体会到快乐，那无疑会给孩子今后的学习打下一个良好的基础，从而让孩子更容易地爱上学习。

在学校里，老师们在教低年级孩子们的时候，大多都非常注重课堂方式的多样性与灵活性，通过 ppt 的演示，手工道具的配合，同学老师之间互动，同学之间的接力等方式讲解知识点和进行训练强化，已经不再是过去那种黑板、粉笔、我讲你听的灌输方式，孩子的思维也是越来越活跃。所以，孩子回到家后，父母在检查和辅导孩子学习的时候，也不要板起脸，而是要尽可能地用生动的语言和灵活的方式来给孩子答疑解惑，并且学会把孩子的知识融入到点滴生活之中，让他们感到自己学习的知识原来是这么有用的啊！

比如孩子在学习认识图形的时候，家里的七巧板和积木就是最好的教具，平面的、立体的都有了。“纸上得来终觉浅，要知此事要躬行”，如果你只用纸笔来给孩子讲解，可能会比较难，因为孩子的抽象思维目前阶段比较弱，但如果你让孩子亲手摆一摆，搭一搭，可能不用那么多讲解，孩子自然就会明白。

在孩子学习钱币的章节时，家长可以先和孩子在家玩购物的游戏。小商品市场一般都会有卖“假钱”，和真币一样图案大小，就是专门用来给孩子认识和学习的，我们买上几套和孩子在家一起来买买买吧！然后带孩子去菜市场，让他们来帮你算算账，使他们学以致用吧！

生活中处处有学问，我们要有善于发现的眼睛。在语言的学习中，除了必要的听说读写，注重日常应用才是随时学习的好办法。很多家长把小卡片贴得满屋都是，孩子会感到压力，不如生活中多观察多注意。周末上街，坐公交车，就让孩子读读公交站牌；开私家车，就让孩子观察下路标指示；假期旅行，和孩子一起关注下景点介绍，这都是认字的好办法。

和孩子玩词语接龙，比赛背诗，一起记记账，这些都是学习。当他们发现和老师一起读过的课文和认识的汉字，写在纸上的阿拉伯数字和加减乘除，所有的这些在生活中的大用处之后，他们对于学习的好感度一定会大大增加。

老师在学校教给孩子的知识，家长要善于利用它们，体现知识的实用性，把练习的过程游戏化，那么把学习变成娱乐也就不那么难了！

每个孩子都可能爱上学习

在网上看到这样一段对话：

“儿子多大了？”

“二年级。”

“学习费劲吗？”

“不督促不会主动学习。不提醒能一直玩。”

“你就让他痛痛快快玩！”

“就怕要劲时收不回来心。”

“嗨！孩子都这样，不能着急！”

“我倒不限制他玩，您家那个呢？”

“他呀，怪了，让玩都不玩，就爱学！呵呵！”

看完这一段，你是不是很心塞地也只能“呵呵”了！很想大声地问一句，这谁家孩子？

只爱学习不爱玩！你信这个邪吗？反正我不信，坦白讲没有不爱玩的孩子，但确实有不少不爱学的孩子，家长们希望自己孩子能爱上学习，但我更想说让孩子们能够即爱学又会玩才够“完美”！

关于玩我们前面谈到过，这一节就主要来说说学，那怎么爱上学？

先来说一个段子。

平时打电话给普通学生：“喂！在干吗？”

“玩！”

“玩什么？”

“逛街／打游戏／看电影……”

打电话给学霸：“喂！在干吗？”

“学习！”

“学什么？”

“数学。”

打电话给学神：“喂！在干吗？”

“玩！”

“玩什么？”

“数学。”

看到了，这就是差别！一个生动的小场景就充分说明对于学习这件事，你的态度决定了你的高度。

学神的家长恐怕也都是大神级的人物，想必用不着看这本书；学霸的家长自有特别的教育心得体会，有很多经验可以分享给他人；

我猜想打开这本书的大多数朋友家里都有一个需要让你督促学习的被动型孩子。

当孩子把学习当成任务来完成时，难免有懈怠的时候，需要在家长的监督下才能好好完成，可如果家长仅仅是一个认真的管理者，那么孩子的学习会进步但很难更上一个层次。你可以看出，真正学习好的孩子们都有很好的自制力，学霸和学神们已经把学习当成如同穿衣吃饭一般的不可或缺的日常活动，做出老师也不会的难题那是他们的娱乐方式。

如果把学习比作一个姑娘，学霸们已经爱上她，并且离不开她，而我们的孩子要么是自愧不如不敢追求，要么是假装看不上不去追求，要么是不得要领盲目追求，家长就要具体问题具体分析，助他们一臂之力，让他们能够爱上这姑娘。

如何爱上？怎样帮？方法呢？我知道这是最关注的问题。无他，就是我们常听到的那句要让孩子从“让我学”转变为“我要学”，也就是化被动为主动。

下面我们分三种类型来简单分析一下。

第一种，学习认真努力，成绩却始终不理想。

对于生长发育正常的儿童而言，智商上的差别没有孩子之间身高体重的差别那么明显，如果家长发现孩子的成绩配不上他付出的努力，千万不要轻易在内心下结论，给孩子扣上一个“笨”的帽子，甚至选择放弃。

相反你应该感到庆幸，孩子有学习的自觉性和想要进步的上进心，这是非常难得的品质，成绩不理想的主要原因就是他的方法有问题。学习的好坏与用于学习的时间长短并不一定成正比，这个时候家长要积极参与进来，通过观察孩子在家学习的情况积极与任课老师沟通，尽快找出孩子的症结所在，才能帮助孩子走出学习的瓶颈期。

第二种，学习得过且过，保持中等就满意。

一个班级中基本上有一半的孩子是这种类型。在学校上课时，会听老师的讲解但也会时不时地跑跑神；放学回家后会马上完成作业，那是为了能快点看电视或者打游戏，至于对错与否就交给父母检查、老师批改了，写完就懒得再多看一眼。

这些孩子对于学习谈不上爱与恨，就是在貌似正常中被动前行，老师和父母抓得紧点，成绩就会上去一些，一放松就会下来点，但浮动范围不会很大。他们的问题就是没有在学习中体会到乐趣，学习主动性比较差。

面对这样的孩子，家长要做的不是严防死守，而是要像我们前一节讲到的一样把学习变成娱乐，让孩子体会到知识的力量，不断增强学习的兴趣。

第三种，放弃学习，破罐子破摔。

考试垫底的孩子有两类，不会学的和根本不学的。不会学的要想办法教给他方法，根本不学的就需要转变思想了。改变一个人的想法是一件比较困难的事情，对于孩子也是如此。对于那些根本不打算好好学习的孩子，首先要找到他们不爱学习的根源在哪里！

淘气贪玩不想学，就要加强管理适当束缚；认为学习无用，就要改变家庭环境，营造良好学习氛围；受朋友影响，就要远离负能量多结交努力上进的好伙伴。其实每个孩子的内心都是不甘落后的，想办法点燃他的小宇宙，一旦爆发很有可能成为下一个学神。我们也经常听到学渣逆袭的故事，便是如此。当有一天孩子发自内心地想要学习或者追求某一个结果的时候，就会有不可阻挡的力量。

不管你的孩子位于哪个层次，他们都可能爱上学习。父母要做的就是用心去爱你的孩子，真正去帮助他们想办法。不是问：“为什么别人都行，你不行？”而是要说：“别人能行，你也能做到！”

“陪读”不是好办法

说到陪读，父母们都或多或少陪过，恐怕目前很多家长还在无奈的陪读进行时中。那到底是不是必须陪？怎么陪？陪读是不是个好办法呢？

很多家长都很苦恼：不是因为陪读占用了自己大量的时间，而是发现自己花费了大量精力陪同孩子，孩子非但没有养成好的学习习惯，相反变得更为被动，只有家长盯着才能学习，一旦离开你的视线，他就不能很好地管理自己！

说到自己是从什么时候开始，由于什么原因开始陪读历程，大多数家长都会感到无奈和委屈。现在孩子的书包里都会有一个非常重要的本子——记事本，上面记着老师布置的任务，除了记作业，还会有比如：明天有活动穿校服，交饭费 ×× 元，今天发了 ×× 的通知，需要家长签字等事情的提醒，最主要的是，这个本子每天都需要家长签字。

所以不管怎样，家长每晚的必做功课之一就是坐到孩子身边，一一核对本子上的事项，该写的作业写完没有，该背的课文背过了没有，要准备的东西都就位了没有，然后再认真地签上自己的名字。

孩子的题目不会做，要问你；老师让听写生字，离不开你；考试卷要求写意见并签字，必须仔细看……你会发现当你坐到孩子身边后就难以起身离开，不知觉中进入了“陪读”的角色中。

可如果说，因为记事本让家长陷入陪读的泥潭，老师表示这个“锅”不能背！记事这个方法很好啊！你工作的时候也会用备忘录或者贴上便签条来提醒自己在什么时候该干什么事情，更何况孩子怎么可能把回家要完成的事情都能记在心里？家长可能会感觉怎么记事像是给家长安排的任务呢！

我们前面也讲过把教育完全推给学校，家长就错了！孩子刚上学，在还没有形成一个良好的学习习惯之前，老师和家长共同努力，才能尽快地让孩子适应学校生活，寻找到适合自己的学习方式，父母适当的督促是非常必要的。你积极认真地参与进来是对的，学会如何适时地全身而退也很重要。

需要家长陪读的孩子主要可以分为两类。

第一类：年龄小、玩心重、缺乏自控力，没认识到学习的重要性和必要性，陪读的主要功能就是监督。

这类孩子，你坐在身边他就学习，你离开一会儿他就走神。你肯定感到很无奈，但似乎无计可施。其实，归根到底还是孩子没有养成一个良好的主动学习的习惯，总是以为学习是给老师、给父母学的，他们完全是被动的。对于这样的孩子在陪读的时候要把握一张一弛的度，保持监督但不要全程跟踪，逐渐增加离开的时间。

预估：先看一下今天都有什么作业，让孩子自己先估计完成每门功课的时间，让孩子选择先开始哪一项，然后父母就可以离开，快到点时过来提醒，如果没有按时完成，帮助孩子寻找原因；如果是拖拉，给孩子一定的缓冲时间继续完成，并且根据情况设立一些奖惩措施，激励孩子不用监督尽早完成作业。

检查：孩子完成作业后要让他们自己检查，如果孩子确定自己完成无误后，家长再检查签字，这是老师要求的做法。但站在家长的角度，我觉得家长也可以不检查，家长发现的错误对孩子来说往往不被当回事，都改好了，作业本上的优不是他们自己的，是家长的。孩子会自我感觉良好地认为自己都会了呢，容易养成他们的依赖心理。你监督他做没做完，做得对错他如果自己不能发现，也可以留给老师去发现，一个红红的叉子，会让他记忆更深刻些。

劳逸结合，适时总结。根据孩子的课业情况，合理安排时间，让孩子从不同学科中转换思维，休息的间隙可以准备点水果、牛奶等，甚至可以和他一起玩一局简单益智游戏，能玩游戏，也能按时退出，是对孩子自控力的培养。完成功课后，家长可以有一个小小的总结，完成得好，及时表扬，有小拖拉要提醒和纠正，要让孩子知道，父母在不在身边陪同，都是相信他们能够自觉学习的。

第二类：依赖型。陪读的主要功能是提供技术支持和心理支撑。

美美放学后总是不急着先写作业，而一定要等妈妈下班后她才能坐到书桌前。往往这个时候，还有各种的不会，原本不多的作业，经常要写到睡觉的时间才能完成。美美妈说，每当这时，她总是要用尽洪荒之力才能压制住内心的狂躁，尽量用和风细雨的方式来耐心地给她讲解。

美美没有上过幼小衔接班，刚上一年级，由于没有基础，学习上有些吃力，加上她比较胆小，有问题在学校也不敢问老师，她回家不马上写作业，也是因为不确定自己能否独立完成而不敢尝试。这个时候陪读是十分必要的，家长待在身边，因为随时可以找到答案，孩子才能感到踏实。

当然也不是无限期地陪下去，但一定要耐心、耐心、耐心，重要的事说三遍。这类孩子主要是培养他们的自信心，等他们发现原来题目没有那么难，自己也是可以完成的时候，就不会一直等你来到他身边了。

陪读不是好办法，但目前来讲在孩子刚入学的阶段，陪读也是必由之路。就好像孩子刚学走路时，我们扶着的那双手。陪读不是简单地待在孩子身边，而是要教会孩子学习方法，养成学习的习惯，建立足够的自信，并且在这个过程中逐渐试着放手。

保护好孩子的学习自信心

在教育孩子的过程中，父母最容易脱口而出的话就是：你瞧，人家的孩子……此处删减一百字，请自行脑补画面和语言。你可能本心是希望提醒和激励孩子向别人学习，而孩子获得的往往是打击和自卑。

孩子毕竟小，对人对事缺乏正确的判断。而大人这种言论，势必会影响他对自己的正确认识。孩子的内心会觉得，是不是自己真的就比不上别人？真的就做不好？其实，每个孩子，都有自己的特点，都有自己的长处，所以，孩子之间，是没有可比性的。正确的做法是要鼓励，不要责备。

事实上，孩子从出生那天起，他们的天性里都有一种自信的气质。父母和老师都要学会保护这种气质。保护孩子的自信就意味着不去打击、伤害孩子，有意去呵护孩子的自信。

爱默生说过："自信是成功的第一秘诀。"孩子从小到大，不能没有自信。自信的孩子阳光开朗、喜欢挑战、乐于尝试，自卑的孩子胆小怯懦、遇事后退、安于现状。

击垮一个人的自信很容易，想要重拾信心就会困难得多。孩子的自信心很脆弱，我们很多的家长不注意自己的言行，以为自己是在激励孩子，事实上他们是在刺激孩子，心理强大的成年人有时尚且接受不了，更何况孩子，激将法的使用一定要分人分事。

自信心对孩子健康成长和各种能力的发展，都有十分重要的意义，自信心在孩子十几年的求学生涯中具有举足轻重的作用。那么父母该怎样保护好孩子的自信心，如何培养孩子的自信心呢?

调整父母与孩子间的关系。

孩子与家长间的关系如何，在很大程度上决定了他的自信心程度，如果孩子感到父母爱他、尊重他，态度总是温和的，孩子就会感觉良好，他们往往就活泼愉快、积极热情、自信心强。相反，如果父母对孩子训斥多，粗暴，或者态度冷淡，孩子就更容易情绪低沉，对周围的事物缺乏主动性和自信心。切记，千万别拿自己的孩子跟别人家的孩子做比较。有些家长，总喜欢拿自己孩子的缺点和别人孩子的优点做比较。换个角度，孩子如果拿你和别人的父母做比较，问你："为什么王建林一天赚一个亿，你能行吗？"您作何感想！己所不欲勿施于人，对待孩子也是如此。

注意，不要过分重视学习成绩。一个班里第一名只有一个，只要孩子的学习成绩能在自身的基础上不断进步，家长就应该给予肯定和鼓励。当孩子成绩不理想时，更不能责备批评，这时他们最需要的是家长的理解和支持，家长应该和孩子共同找一找原因，根据原因耐心地帮他解决问题。

小心，说话方式有讲究。有些孩子会存在偏科的问题，比如除了语文外各科成绩都不错时，他也可能高兴不起来，甚至认为自己是个笨孩子。这时，你应该告诉孩子："你的成绩总体来说很不错，每个人都有自己擅长和不擅长的方面，语文仅仅是几门功课的一门，咱们再多花点时间一定会有进步的。"即使在孩子做出努力后，仍然未达到预期的目标，也要肯定孩子的努力。我们应该说："这没关系，我知道你已经付出了努力。"

从成功的喜悦中增强自信心。

孩子可以从不断获得成功的体验中增强自信，而过多的失败体验，往往使孩子对自己的能力产生怀疑。因此家长应根据孩子发展特点和个体差异，提出适合其水平的任务和要求，确立一个适当的目标，使其经过努力能完成。跳一跳，把果子吃到。目标不能定得太高，如果能力不及，连连失败，会使自信心屡屡受挫，并由此不愿再去努力，越是不努力，就越是做不好，就越不自信，从而形成恶性循环。

平时成绩六十分，你要求他下次考九十，这显然是不可能完成的任务。但如果你只是希望他能够达到七十，孩子才可能愿意尝试并能够达到目标。把一个目标分解成小步骤来完成，才是符合实际的做法。

适时地表扬和鼓励，培养孩子积极的心理状态。

家长要善于发现孩子身上的闪光点，并及时表扬和鼓励。中国传统文化向来讲究“自谦”，家长很少在别人面前夸奖自己的孩子，甚至当别人夸奖自己的孩子时，他们都会自谦地说：“哪里，哪里，过奖了！”关于孩子我们真的不用这样，实事求是，如果是的确优秀的方面，就大方承认，有时甚至可以制造一些在外人面前表扬孩子的机会，让孩子体会到成就感，在相应的方面他就会自觉地更为努力，从而形成良性循环。

我们讲要呵护孩子的自信心，但并不是说就不能让孩子受到一点点挫折，因为在学习的过程中孩子一定会遇到困难，如果他有一颗玻璃心，那太容易受到伤害。所以要培养孩子健康积极的好心态，在面临困难和挫折时，他们能进行积极的自我暗示“我能行，一定能做出这道题目”“我再努一把力就会做好的”……这样孩子的自信心才会更为强大起来。

让孩子爱上数学的方法

说到数学的学习，可谓几家欢喜几家愁！喜欢数学的觉得越学越有趣，不喜欢的越学越害怕，感觉数学的学习简直就是折磨。但不管你喜欢与否，数学作为基础学科，它至少将贯穿从小学到中学整整十二年的时间，不管你学习文科还是理科，数学都会不离不弃的跟随。

既然无论如何都要学习，既然不能一见钟情，那就放轻松，让我们想办法培养孩子对数学的兴趣，争取日久生情吧！

我们知道，数学的学习更多的是抽象思考的语言，也是逻辑训练的基础，它能使推理和分析有道理、有系统。面对一点都不生动的数字和符号，孩子们对它爱不起来，也是可以理解的。

家长们都明白数学在考试中的重要性，所以孩子很小就教他们识数、数数，没上学就教会了他们加减法，并进行大量的练习，希望能让孩子快人一步。可遗憾的是并不是每个这样的孩子上学后都有骄人的数学成绩。孩子进行了很多枯燥的计算，结果成绩还是不理想，变得对数学兴趣全无，甚至讨厌起来。熟练的计算能力是学好数学的基础，但数学学习不仅仅是加减乘除的运算，更是一种思维模式，乘法口诀背得再好，没有好的数学能力和数学思维，面对现在灵活多变的考试题目，孩子一定会问题百出。死记硬背不是好办法，熟能生巧有时也会苍白无力。

想要孩子提高数学成绩，家长不是要给孩子搞题海战术，而是要通过与实际生活的结合，运用恰当的训练方法，培养孩子的数学思维，让孩子体验到学习数学的乐趣，这才是从根源上解决问题的方法。

在生活中，数学看似不像学习语文可以表情达意，学习英语可以扩大交流一样那么有用，其实不然。你仔细想一下，我们的日常生活是根本离不开数学的。比如：买东西时的称斤论两、付钱找零、出门的时间线路安排、孩子考试的分数等等都是与数字与数学息息相关的，我们的衣食住行没有一样离得开数学。

所以，辅导孩子的数学功课，不一定是要在书桌前，带领他们在生活中寻找数学的踪迹，解决实际问题，会让他们体会到数学并不仅仅是抽象的数字，同时也是真实的生活。

不要以为买东西算账是一个简单的加减运算，商场促销时会有打折或者满减或者返券等方式，作为消费者到底哪种方式最省钱，这可是要仔细思考的，不然掉进了商家的圈套，却还以为自己占了便宜。这里面不仅涉及到计算，更需要结合你实际的购买需求和预算来分析和判断，这就需要数学的思维方式了。

现在孩子们除了在学校上课，很多都会在外面的机构上两门课，奥数和英语。国际数学奥林匹克作为一项国际性赛事，由国际数学教育专家命题，出题范围超出了所有国家的义务教育水平，难度大大超过大学入学考试。

有关专家认为，只有 5% 的智力超常儿童适合学奥林匹克数学，而能一路过关斩将冲到国际数学奥林匹克顶峰的人更是凤毛麟角。很显然，这本应该是一项少数孩子适合参加的学习，现在为什么变成大众的行为呢？其实家长让孩子学习奥数并非要让孩子真的去参加奥数竞赛，而是由于现在孩子在升学择校时，类似于奥数这种方式的题目会占主导，家长也是不得已而为之。

我深深地理解家长们的不得已，所以并不是要完全反对孩子学习奥数，但你一定要考虑到孩子的感受！面对远远超过他理解和接受能力范围的题目，不会，不会，还是不会，学习数学变成人生苦旅，孩子的学习自信心在这样的持续打击下灰飞烟灭，消失殆尽。所以，家长一定要传递给孩子一个重要的信息，题目不会做是正常的，来学习奥数主要学习的就是数学的思维方式。不要给孩子思想负担，让他们轻松上阵，能理解多少算多少，也许还能有更多的收获。

现在，尤其是大城市中，处于中小学阶段的孩子们的父母，大多都是 70 后、80 后，他们绝大多数都接受过高等教育，完全可以和孩子一起通过做一些数学游戏的题目来锻炼孩子的数学能力。不用担心自己的不专业，数学的基本定理公式孩子都已经在学校学过了，你要做的就是尽可能地多和孩子一起“玩”数学。

有关图形推理、找规律、分类训练、数图形训练题目的图书有很多，家长可以挑选一两本难度适合的书和孩子一起做，或者来比比赛，以游戏的形式来巩固课堂的数学知识，开拓孩子的数学思维，数学在孩子心中的面目也就不会那么可憎了。

总之，学习数学最重要的是培养数学思维，掌握做题的方法。有了这两点，孩子的数学成绩多少都会得到提高，实实在在的分数会鼓舞孩子的斗志，爱上数学也许就不远了。

让孩子爱上语文的方法

语文，是语言和文学、文化的简称。汉语是我们的母语，每天都在用，孩子上学前不会认、不会写，但都是会说的，所以孩子接受语文学习还是比较自然的，能把自己说的话形成文字落实到纸上，对于孩子也是满满的成就感。语文是基础课程体系中的一门重要科目，起初不会让人觉得学起来很难，但考试时想拿好成绩却也不容易。想要保持孩子对语文学习的持久热爱，家长朋友们恐怕还是要费点小心思的。

鼓励孩子多看、多听、多读课外书，是孩子喜欢语文的前提。

学校里每门功课的学习首先是以课本为基础，然后再通过练习来强化学过的知识。语文学习也不例外，但同时语文更有它的特别之处，那就是阅读，从某种意义上说阅读决定着语文学习的成功与否。

在小学阶段尤其是低年级，语文学习以认字、识字为主，有简单的阅读和看图说话的要求，孩子阅读量的多少对成绩的影响也许并不明显，一旦到了高年级开始写作文和文章赏析时，如果孩子以前没有一定的阅读积累，在语文学习上就会显得后劲不足，写作文时，也会面临无从下笔的困境。

其实，关于阅读咱们在前面一章已经说了很多，如果能成功地让孩子爱上阅读，那孩子爱上语文也就不是难事了。

关于阅读这里只提醒家长朋友注意的一个问题就是：在孩子进行课外阅读的时候，要尽量尊重孩子的兴趣和选择，不要以成人的视角，以有用没用来做为判断的标准，读书是一种积累，短期内也许看不到成效，但从长远来说，书从来没有白读的，或者积累了词汇，或者丰富了想象，或者开阔了视野……

说了读，我们接着要说说听，听也是语文学习的一个好办法。听可能常常会被家长们所忽视，现在孩子一般从学前就开始英语的启蒙学习了，作为一门外语，首先要学的就是能听得懂和能开口说，所以家长会有意识地给孩子听英语故事、英文歌曲。可是你别忘了，汉语也是语言，听说读写的能力也是我们要具备的能力。

你可能会疑问，汉语我们从小就能听懂，还要练习听吗？其实我们听的目的和学英语不一样，不是看能不能听懂，而是通过听来学习知识。每天上学我们不是都在听老师讲课吗！在过去，听收音机里面的故事要受节目播出时间的限制，听录音机还要买得到相应的磁带，现在如此方便，手机、平板电脑、各种播放器，可以随时随地给孩子播放你想要播放的内容，所以千万不要忘记——听，这个简单易行且高效的学习方法。

记忆和背诵是语文学习的必由之路。

毫无疑问，语文的学习离不开记忆和背诵，字词怎么写，要记住；重点的课文，要背诵。记忆和背诵离不开反复的练习，这一点很容易让孩子感到枯燥和乏味。

必须承认，有时死记硬背的确是语文的学习方法之一。所以，常常有一种偏见，认为会背不是本事，能学好数学这种灵活度强的科目才算聪明。在鼓励你孩子背诵时，可以给予适当的奖励，比如背完这首诗，我们可以玩一局游戏，或者看一集动画片等。

当然最好是要孩子认识到背诵的重要性，同时榜样的力量也是很有用的。有一档大火的节目《中国诗词大会》你看过吗？连续参加了第一季和第二季的陈更就让人瞩目。她是一名研究机器人的北大博士生，妥妥的理工科女生，但她大量的诗词储备恐怕不输于大部分专门学习文科的学生。这绝非一朝一夕之功。节目里也有小学生参赛者，表现也很抢眼。

可以让孩子看看这类电视节目，他们会发现原来节目中也有自己背过学过的诗词，原来也有和自己同龄但比自己厉害的小朋友，原来这些知识丰富的大哥哥大姐姐或者叔叔阿姨们从事着各行各业、各个领域，但他们都有一个共同特点就是背会了那么多的诗词。背诵的过程可能比较辛苦，但要让孩子看到或者体会到结果会很快乐，孩子也一定想要试试，自己也背得更多些了！

学习语文的价值不仅仅体现在成绩单上。

语文学习的价值除了成绩单上的分数之外，更重要的是它能培养孩子良好的品德、高尚的情操，增长各种知识。掌握丰富多彩的汉语文字知识、语法知识、修辞知识，可以使人善于表达自己，也为进一步学习其他专业课程打下良好的基础。

要让孩子明白语文的用处是潜移默化的，在生活中你要用语言和其他人沟通，我们成年人在工作中写总结、报告等都能用到文字，可以说语文的知识渗透到每天的生活当中。学习语文不仅仅为了考试，语言是交流的工具，学好语文会让我们终身受益。

孩子从思想上重视语文的学习，从行动上也就会更加投入。

让孩子爱上英语的方法

写下这个题目，我是有点心虚的，说实在话，上学的时候英语是最为让我苦恼的一门功课。很多年都处于不得要领的学习当中，下的功夫比别的学科多，考的成绩却比别的科目少。一直到大学仍然如此，因为想要顺利拿到学位，英语必须达到相应的水准，于是不得不继续坚持着英语的学习，但当时我感觉自己始终没有找到学习英语的正确方法。

工作后，使用英语的机会并不多，但职称考试，英语是必考的。除了工作真的很忙的原因以外，毕业以后我真的不想再多看一眼折磨我多年的英语，所以考试时是怀着战战兢兢的心情而去，但结果却是意外顺利，看似荒废多年的英语原来仍在我的记忆深处，来到考场后，它们就被激活了，我才明白当年下过的功夫，背过的单词都没有白费。

原谅我说这么多的想当年，的确对于我自己而言：英语，想说爱你不容易！虽然没有更多英语学习的成功经验，但有时失败的教训却更令人印象深刻，更能够启发思考，寻求对策！

回想自己有关英语的爱恨情仇，我也关注起现在孩子们的英语学习状况。是否有孩子如我一样多年徘徊在大门之外呢？

大环境变得更好了，教育资源更丰富了，家长对英语教育的投入和热情与过去也不可同日而语了。我们上中学才开始的ABC学习，现在的孩子在还不认识拼音的时候就已经进入各种机构，有的干脆上的就是双语幼儿园，起步足够早，条件也足够好，但是他们的英语水平究竟怎样呢？浸润式教学，英语思维方式，线上外教一对一……是不是就如想象的孩子们能够早早地说一口流利的英文呢？

从我接触和了解的情况来说，想象永远比现实美好。认识的两个朋友，家里都是女孩，上的是公立示范幼儿园，她们分别给孩子报了不同的知名英语教育机构的课程。每周一到两次的课，每年的花费都在两万元左右。孩子对于上课并无烦感，各种游戏中穿插了单词和句子，圣诞节、万圣节这类西方节日还会组织相应的活动。过程很欢乐！

据说五岁左右是孩子语言发展的敏感期，抓住这个机会可以事半功倍，按说这两个孩子都没有错过。她们在上学前都已经进行了两年的英语学习，这一年级的英语学习肯定应该玩似的啊！的确，孩子学校的英语成绩没问题，但也并没有显示出过多的优势，孩子妈妈总感觉得到的成果与花掉的那几万元似乎有些不匹配。

看到这里，是不是很多在孩子幼儿期就开始花大价钱学习英语的家长们都会有同感呢！

首先来回答要不要这么早学英语？答案是肯定的，语言的学习还是越早接触越好。

要不要上机构？这就要根据实际情况了。如果家里本身有语言环境，可以坚持给予孩子相关的教育，就没必要去外面学了。就如同我们从小学说话是自然而然的，没听说让别人来教是一个道理。当然对于大多数家庭来说做到有点难。

上什么机构？其实现在的家长都有英语基础，只是感觉自己不专业，也没时间，还是交给老师来的效果更好。可是如果仅仅依靠每周两三个小时的课，不管多么棒的机构、多么好的体系、多么高水平的老师，孩子学习的效果都是有限的。这里我想说机构之间的差别并不是很大，还是考虑价格和就近的原则来得更为实际。

要想孩子有一个好的英语启蒙，如果说有法宝，就是多听、多说！孩子上完课，回家就要多练习，可很多家长都做不到，他们和我当初一样，离开学校后，工作上也用不到英语，就懒得再去读写，其实陪同孩子一起学习你会发现对于自己也是一次重启。我们经常会开玩笑说：要想学好一门外语很容易，把你一个人扔到那个国家，用不了多长时间，就会了！所以说，语言环境很重要，家长有兴趣和孩子对话，那孩子就有更多兴趣！

不用很多时间，每天坚持半个小时，把孩子的英语学习变成生活里的一部分，那么当孩子上学以后状况就会完全不一样。

语言的学习是一个长期的过程，现在具备条件了，孩子可以如同学习母语一样先听说，后读写，就不会如我们一般，多年学下来的只是“哑巴”英语。

你一定嫌我啰唆到现在没有说让孩子爱上英语的方法。英语是一门语言，你不能把它当成一门技术来学，所以要做好打持久战的准备，既然这样，迈出坚实的第一步是最为重要的。

英语启蒙是开启英语学习的第一步，家长做好这个准备，孩子在今后的学习中爱上英语的方法就如同爱上语文是一样的了！

如何减轻孩子的对抗情绪

“让你上东，你上西；让你打狗，你打鸡”，这是孩子们反抗父母的生动表现。为什么会出现这种情况，孩子总是和我们对着干，让家长大为恼火，很多暴脾气的父母可能就会控制不住情绪，上来就削，结果使亲子关系变得更为紧张。其实事后看到孩子带着泪的倔强眼神，你一定也是五味杂陈，生气孩子的行为同时也后悔自己的冲动。

父母要正确认识孩子的对抗情绪。每个孩子在成长的过程中都会有这样的阶段，属于成长的烦恼。比如我们都知道“青春期”的孩子就非常容易产生“逆反”情绪，因为这个阶段的孩子随着年龄的增长、接触范围的扩大、知识面不断增加，内心世界变得更为丰富，他们认为自己已经长大了，对社会、人生有着与父母不同的看法，不想父母处处管着自己，表现出来的就是强烈的独立意识，所以极易对父母产生“逆反心理”，“顶嘴”和“抬杠”成为日常交流的主要方式。父母要认识到青春期的“亲子对抗”对于孩子的成长是有积极意义的，只是每个孩子性格不同，独立意识也不同，而现在很多父母并没有做好心理准备，才会呈现出激烈的亲子碰撞。

如果是下面的原因引发的对抗情绪，就要引起家长足够的重视了。由于孩子在幼年时期，家长对孩子的过于溺爱、娇惯、放任、迁就等错误的教育方式，造成孩子的任性的心理。比如，当孩子提出无理要求时，有些家长不是拒绝，而是试图用其他借口或者缓兵之计等手段想让孩子放弃，而当孩子又哭又闹或者生气不理时，家长则很快就妥协了，满足了孩子的愿望。这实际上就是纵容孩子，一旦孩子意识到通过“不吃饭”“大哭大闹”“满地打滚”等手段来要挟家长，能够最终“如愿以偿”时，就会变得越来越任性，对抗的发生就不可避免了。

不管何种原因引发的对抗，既然存在和发生了，父母都要对自己有充分的自省，同时尝试做出适时、适当的改变，梳理和调整与子女的关系，才能有效地减轻孩子的对抗情绪。

一心为了孩子。父母面对“不识好歹”的孩子，应该保持冷静和理智的态度，设法巧妙地化解对抗情绪，才能体面地打破尴尬局面。

无理由停战。家长可以先主动放弃与孩子的抗衡。人在情绪失控的情况下，任你是金玉良言，也都是入不了耳的。待心平气和、情绪平稳之时，我们再有话好好说，这才是解决问题的前提。如果不能及时叫停，结果只能是两败俱伤，既伤心、又伤身，甚至造成家长与孩子之间更深的隔阂。

尊重和信任。很多家长，尤其是父亲们，喜欢以专制的方法管教孩子，以命令的语气说话，要孩子顺从一切。个性较温和的孩子会顺从父母的权威，而个性较刚强的孩子，当然就要反抗了。话说，你也不是神，你说的话也不一定都对啊！如果孩子的反抗有足以令人信服的理由，那么请尊重和接受孩子的意见。如果你能允许并鼓励孩子表达自己的观点和内心的感受，然后给予完全的重视和关心。那么下一次，他就会好好说话，而不是故意和你唱反调了。

说话的艺术。尽量避免使用绝对性的词语，用商量代替简单粗暴的结论，多给建议而不是要求和命令。“必须”“务必”“一定”等，都是激起反抗情绪的祸源。孩子周末参加好朋友的聚会，出门前，你说“必须保证九点前回家，否则就不要去！”孩子是什么感受，他只会觉得你太啰唆或者太烦！如果你说：“你最好九点前回家，晚了路上不安全，妈妈也会担心的。如果实在回不来，就打电话，我去接你！”这样看起来更啰唆，可孩子感到了你的关爱，他一定会尽量早回来。

不盲目批评。当孩子无意识地做错事时，不要一味地进行指责，有时他们的想法是好的，但能力有限出了差错，这并没有什么大碍。比如孩子要帮你拖地，没注意后面，拖把的棍碰掉了桌上的东西，父母首先要认可孩子积极劳动的行为，再告诉他干活时要注意的问题，这样即保护了孩子劳动的积极性，又教会了他正确的方法。

在公共场合，孩子跑跳打闹，影响到别人，家长不顾及孩子的自尊心，大声地训斥，结果是孩子不但不听，反而闹得更欢。因为孩子在人前被家长批评也会感到很丢“面子”，他们为了保全自己的面子，从而产生逆反心理，不自觉地便和家长对抗起来了。此时，如果你来到孩子跟前，小声提醒他，反而效果会更好。

如果说孩子和家长在生活中的对抗，令父母焦虑的程度是一颗星，那么如果孩子把对抗情绪带到学习当中，那我们焦虑的程度恐怕就是五颗星了。

所以父母在教育孩子的过程中，尤其是在孩子小的时候，一定要注意情商的培养，始终保持一个稳定的情绪、积极向上的精神状态，对于孩子和家长都是同样重要的事情。

物质奖励不如精神激励

做同一件事情，一个人是自己要求去做的，另一个人是被安排去做的，我们先不问结果，你说过程中谁会更努力？答案肯定是第一个人，因为他有主观的愿望，有动力的来源。激励机制的适当应用，能够调动人的主观能动性，激发人们自我完善。如今在很多单位建设和管理中都讲究团建，讲究激励，其实对于孩子激励也同样适用。

激励可以是物质上的也可以是精神上的，有时候物质和精神也是两者合一的。物质奖励满足人的生理需求，精神奖励满足人的心理需求。对于调动人的积极性来说，物质、精神奖励都是不可缺少的。通常我们提倡以精神奖励为主，物质奖励为辅。

例如：在总结表彰大会上，授予你先进工作者的荣誉称号，一般上台领奖，颁发的只是证书，下面可能也还会有类似小家电、家居用品等物质奖品，这里物质的作用只是锦上添花，你得到最多的应该是工作受到肯定在精神上获得的认同感，上台领奖时的荣誉感。

你要问“重赏之下必有勇夫”又该怎么解释呢？的确，用物质的方法来刺激人的积极性是最为直接和有效的方法，这一招的特点是短期内见效快，但只适用于特定环境下的特定事件。从长远看，能让人坚持不懈完成的事情必定是要有来自于精神上持续不断的力量源泉。

育人是一个长期的过程，如果仅仅用物质来刺激孩子，起初他们也许会为了一块糖、一张贴画去听话去努力，但时间长了，这样做的结果就是会挫伤孩子对学习乃至任何事物本身的兴趣，他们只是简单地为了“物质”在努力。

丁丁是个“汽车迷”，喜欢各种各样的汽车玩具，丁丁的爸爸就抓住了孩子的这个特点，许诺他考试拿一百分，就可以买辆汽车。于是丁丁铆足了劲，终于如愿以偿买回了那辆他心仪已久的玩具车。在这个思想的指导下，丁丁拥有的汽车是越来越多了，但随着时间的变化他渐渐对车的兴趣降低了，学习变得没有了目的，动力不足，学习成绩下滑也是情理之中的事情了。

办法为什么不灵了呢？其实，这种基于物质许诺而发展的行为是被动的，不易巩固，更谈不上发展。要想让它持续下去，必须有更高级、更新鲜的物质来刺激，否则孩子的积极性就会大打折扣。对于孩子物质奖励只能偶尔使用，或者一定要与精神奖励相结合，否则，长此以往，物质奖励不但会丧失其积极作用，孩子还会产生不正确的想法，甚至产生品质上的问题。

在孩子的成长过程中，家长要根据孩子不同阶段的生理和心理的特点，不断创新激励机制。不要单纯在物质方面进行刺激，精神上的鼓励更应该受到重视。尤其在孩子的学习方面更是如此。

孩子学习的积极性、主动性、刻苦精神，主要源于对目标的追求。由于年龄的不同和知识水平的限制，不同年级的孩子学习的目的可能不一样，但有一点是相同的，就是有明确的学习目标，才能激发孩子的学习积极性，所以家长要引导孩子树立高尚的学习目的，向更高的思想境界看齐，孩子的学习才能拥有持续的动力。

小学低年级的孩子，他们并不知道学习的目的是什么，只是认为受到老师的表扬和父母的夸赞就是目标。在这个简单目标的指引下，他们努力听讲、认真作业。这时的孩子并没有太多关于物质的概念，可能一个价格不菲的玩具在他眼里并不比一朵老师奖励的小红花更有价值。孩子对于物质的认知和追求，往往与父母的言行方式有关。妈妈经常说："宝宝今天老师表扬你了，我给你做好吃的！"爸爸经常说："宝贝，你考了满分，我给你买个恐龙玩具！"这种行为看起来，皆大欢喜，其实为以后埋下了隐患。

奖励孩子父母可以有多种选择。低层次的是物质，高层次的是语言和行为。如果孩子主动帮助了别人，妈妈可以带着满意的微笑用赏识的眼神看着孩子，摸着他的头温柔地说："妈妈觉得你能这样做真的很帅！"孩子考了满分，爸爸可以用力来个大大的拥抱，并送上真心的夸赞。这时孩子的内心一定是感到无比满足，这种精神上的幸福感当然是远远大于一顿大餐或者一个玩具！如果非要给孩子买点什么形式上的东西，最好是一本新书或者是学习用具。

随着孩子年龄的增长、知识的增多，就可以逐步帮助他们确立更为长远的目标，树立持久的决心。在小学生的语文课本中有一篇课文《为中华之崛起而读书》，文中写的是我们敬爱的周恩来总理，在少年时代耳闻目睹中国人在外国租界受洋人欺凌却无处说理的事，周围的人都敢怒不敢言，从中深刻体会到伯父说的“中华不振”的含义，从而立志“为中华之崛起而读书”的故事。要引导孩子明白周恩来少年时代就拥有博大的胸襟和远大的志向，才有后来他为人民服务、为国家和民族奋斗终生。

奖励要充分考虑个体需要的差异。同样的奖励，形式不同，时间不同，激励的效果就不同。但不管在什么阶段，父母要把握的仍然是：精神奖励为主物质奖励为辅的原则。

第四章

学套路：如何让孩子学得出色？

有了学习的兴趣，其实还不够，我们既要让孩子爱学习，也要让孩子会学习，学得出色。其实学习和炒菜做饭一样，都是有自己的套路的，并不是说智商高的孩子就一定学得好，但是“有套路”的孩子学习起来更高效！

优秀的孩子是如何学习的?

每年高考成绩一出，各地的高考状元马上就会成为媒体关注的焦点。不得不佩服现在的孩子真是太牛了，他们不断刷新着我们固有的陈旧观念，不仅仅是成绩好，还有颜有才。作为学渣的父母，我们情何以堪!

如果说高考是一场规模宏大的武林大会，我们猜想状元们一定是怀揣某一本武林秘籍才练就出这绝世神功！羡慕他们的功夫，更想得到那本秘籍，盼望自己家孩子到那一天也能笑傲江湖。

在探究高分高能的状元是如何炼成的过程中，也许会令你感到些许失望。因为不管从状元本人的采访介绍，还是父母或者老师的经验交流里，你会发现他们手里似乎没有《九阴真经》也没什么《六脉神剑》，他们之间的共性远多于专属本人的特性。托尔斯泰有一句名言“幸福的家庭都是相同的，不幸的家庭各有各的不幸”，我们在此改用一下就是：学霸的长成都是相似的，学渣的形成各有各的不同。

那么，学霸的相似之处都在哪里呢？

其实，大多数孩子的智商相差不大，那些高分牛娃们之所以能脱颖而出，是因为他们都有很强的自我管理能力，很早就建立起良好的学习习惯，并寻找到了适合自己的学习方法。在别的孩子还苦哈哈摸索的时候，他们已经轻车熟路，快速地奔跑在学霸的成长之路上了。

善于自我管理

站在那些优秀孩子背后的往往并不是举着鞭子的虎妈狼爸，而是那些给予孩子宽松、信任并能够像朋友一样与孩子交流的父母。他们不一定有多高的文化程度，但他们一定能让孩子感受到爱和力量。我们羡慕那些能够自觉学习的别人家的孩子，对于自家的娃却严加管理和掌控。对此你也感到很苦恼，为什么管这么多，家长操心，孩子反感。因为你的体会是：不管不行，孩子真的不自觉啊！

这就是问题的根源，孩子一定是需要教育和管理的，但不是事无巨细地替他做所有的事情，而是在他能力所及的时候，适时放手，教会他方法。

那些看起来不用父母操心的孩子都会有一个习惯“自己的事情自己做”，如果你从小就培养孩子的独立性，那么在今后的学习中他也不需要你过多地管理，尊重与放手会让孩子学会自我管理。

一个心里有数，做事有计划，能够合理安排时间的孩子，学习成绩也一定不用你过多操心。

过硬的心理素质

普遍存在的一种现象是：班级里考第一名的那个学生并不是那个看起来最聪明的，而是那个最踏实的孩子。其实原因也很简单，考试的主要作用是为了考查学生对知识的掌握情况，即使是中考、高考这种带有选拔性质的测试，对于基础知识运用的考查也占较大比例，虽然会有几道“难题”，但也并非要具备超常智商才能解决，只要能牢固掌握知识点并做到灵活运用，就可以顺利完成。

班级中成绩排在前几名的孩子之间的区别，在于谁的心态更稳定，谁能把细致发挥到极致。因为对于他们来说题目都是会做的，谁能获得更高的分数，就看谁发挥得更好了。

在生活中注意培养孩子过硬的心理素质，比教会他做多少道难题都更有意义。让他们学会遇到问题，就直面问题，解决问题。生活遇到困难时，要积极想办法，而不是被动等待；学习中遇到难题，要沉着冷静，而不是慌乱得不知所措。即使在考试中遇到难题，他也不会乱了阵脚，把本来会的题目在匆忙中答错而留下遗憾。

成绩好谦虚谨慎，成绩不理想也不怨天尤人，拥有健康心态的孩子才会有可持续发展的后劲，这也是今后他们顺利步入社会的有力保障。

爱学习也爱生活

在全面提倡素质教育的今天，优秀的孩子当然不仅仅是单纯的学习好，他们可能会 get 到很多让你惊艳的技能。能静能动，也能文能武。

除了学习，要培养孩子拥有属于自己的兴趣爱好。可以是一种乐器，也可以是书法绘画，或者只是简单的跑步、游泳，不是为了升学择校用来当敲门砖的，而是能让孩子在今后的生活学习中可以做到：烦了就画画，累了就听听歌，心理别扭了也可以去痛快淋漓地运动……总之，希望在他们面对压力时，有自己健康的解压和舒缓心理的方式；在面对成功喜悦时，有自己抒发感情和表达心意的途径。

生活中有真实的体验与乐趣，书本中智慧的总结和归纳。爱学习也爱生活，懂得劳逸结合，学习才能成为发自内心的享受。

比起分数，父母更在意的应该是孩子的安全、健康、快乐、幸福感……只要孩子对学习的态度是端正的，心地是善良的，那么他就是一个优秀的孩子。

最重要的习惯：先学习，再休息

可以说在任何一本关于教育的书中都会无一例外地谈到习惯的养成，生活习惯、卫生习惯、学习习惯、行为习惯……总之，有序高效的生活、学习离不开各种好习惯的建立，那么对于孩子来说，要想学得出色，最重要的习惯就是：先学习，再休息。

如果你在下午三点以后经过某一路段，发现比较堵车，最主要的原因可能是这附近的小学校放学了。虽然为了缓解交通压力，学校分时段放学，一般小学一二年级三点以后开始就放学，随后是三四年级，接着五六年级，大概 4 点半左右放完，中学则会在五点之后和下班的晚高峰融入了一体。

看到这里千万不要以为我要说的是交通问题，我的重点是放学的时间！小学阶段确切地说是小学中低年级阶段是孩子建立良好学习习惯的黄金时期。可是三点放学，这个时间如果父母来接孩子，那么等同于每天只能有效地工作半天，恐怕没有哪个单位愿意使用这样的员工。你会发现，早早地来到学校大门口蹲守，接孩子大军的主力队员都是老年人。

他们本来在悠闲地聊天，眼见学校大门一开，表情马上就会紧张起来，不由自主地瞪大眼睛伸长脖子，盯着每一队走出来的孩子，生怕错过自家的宝贝疙瘩。一旦发现孩子，脸上马上就会笑开花，赶忙走过去从孩子背后夺过书包，自己背上，或许还要一路小跑地追赶如出笼小鸟一般自顾往前跑着的孩子，在路上还会满足孩子的要求，买饮料、冰棍、烤香肠之类，爸爸妈妈平时不给买的东西。于是祖孙其乐融融地踏上回家的路。

这是城市中很多家庭的现状。如果家里有身体健康的老人帮忙，其实你是很幸福的，不用担心孩子没人接，不用担心下班晚了孩子吃不上饭，不过你可能会为另一个问题头疼，那就是学习。

现在孩子在学校，除了体育课，一般课间十分钟就是上厕所喝水时间，如果在楼道里跑跳打闹就会受到老师的批评，所以在学校待一天后，女孩还稍好一些，男孩子们无处释放的能量，在离开校门的那一刻就要开始喷薄而出了。很多孩子都是做不到一回到家不用督促就能马上自觉开始学习的。

看到老人们接孩子的那种状态，你能相信回家后，他们做得到板起脸让孩子学习吗？显然不可能。很多老人的观点是：我可以帮忙照顾孩子的饮食起居，但我们不负责教育孩子！没错，养育孩子是为人父母自己的责任啊！

怎么办呢！老人不舍得，也管不了孩子，等你下班回家时，孩子才想起没完成的作业，这时你很气恼，却似乎无可奈何。

无可奈何花落去吗？当然不行。孩子如果在上学之初养成先玩后学习的坏习惯，长此以往，等他的年级越来越高，课业越来越多，越来越难的时候，他就不会合理分配时间，在学习上效率低下，力不从心。

要培养孩子先学习再休息的习惯，就要内因外因一起抓，双管齐下，才可能为孩子今后的学习打下好基础，有个好开端。

内因，就是要让孩子清楚地知道，自己在什么时间应该干什么事情。写完作业痛痛快快地玩好呢？还是看着表心情紧张地抓紧时间在爸爸妈妈下班前玩好呢？不是要孩子进门立刻拿出书本，可以和孩子约定先吃个水果，运动或者休息十分钟，最多不超过半个小时，就要开始先写作业，万一有不会的问题要自己动脑筋想一想，实在不会了可以先放一放，等爸爸妈妈回来后再解决，然后再去干那些他们自己想干的事情。如果，孩子能够做到就要及时表扬巩固效果。这个过程中，不要过多地要求老人去做那个监督员，一来“隔辈亲”，老人在孙辈的跟前最容易丧失原则；二来，要想让孩子养成习惯就不要总是需要别人的提醒，可以给他设置闹钟，而不是通过老人的唠叨。

外因，不是每个孩子都能遵从和你的约定，或者仅仅是通过我们的金玉良言就能幡然醒悟，有时让他们接受点管理也是必须的。因为有需求就有服务，还有一些家庭没有老人的帮忙，就只好请那些有延时班的机构代为接孩子，等自己下班后再去机构接孩子回家。你可以给老人放放假，也送孩子去延时班，那里一般都有老师看着孩子写作业，有的还可以提供晚饭。也许孩子在那里学习的效率不高，因为教室里的孩子可能大小不一；饭菜不那么可口，没有奶奶的爱心晚餐营养丰富，但有一个好处，先学习，先写作业，这是必须的！孩子看到其他同学在干什么，他也会照着做，有老师的管理，也有榜样的力量。如果我们自己不能够很好地管教孩子的时候，那么就交给相对专业一点的地方，短时间内代为照看，也是一个可以考虑的选择。

在习惯养成的过程中，也许会有痛苦折磨，有反复后退，但我们还是要坚持，现在的一点痛，是为了避免今后更多的痛。

没有效率的学习是很多孩子的问题

小林是个学习很努力的孩子，但数学成绩一直不甚理想，上六年级后，她更加用功了，各种练习题加试卷，妈妈还给她报了两个补习班，但成绩还是没有上去！

为什么隔壁邻居家的小明同学，贪玩又不爱学习，没有小林努力，但他考试成绩却很好呢？

很多家长也都会有这样的疑问吧！俗话说：勤能补拙！尽管我们学得慢点，但下了那么功工夫，却效果甚微，怎么能不着急上火呢！

的确，很多孩子看起来已经在争分夺秒地学习了，从白天到晚上时间都安排得很紧凑，甚至大半夜还在熬夜刷题！但真的并不是所有的勤奋努力都得到回报，有时没有效率的勤奋更令人心痛！

当你发现：孩子学习时间越来越长，休息时间越来越短，学习效率越来越低下，情绪越来越焦躁时，你必须及时叫停，开始必要的思考了！

因为孩子的这种忙忙碌碌也许只是一种毫无目的地忙碌，是一种低质量的学习，这样的勤奋除了能感动自己，并没有实际的意义！

试想，如果从晚饭后到半夜十一点，一个孩子一直在埋头学习，不停地做题、做题，还是做题，却没有工夫想想哪些是自己已经熟练掌握的，哪些是还不太明白的，每道题里考察的知识点又是什么，那么结果很可能是忙了半天，不会的仍旧不会，很多时候做的只是些无用功。表面上很刻苦，实际上却回避了真正需要解决的问题和学习中最有价值的部分。

所以，家长首先要真正地了解自己孩子的学习情况！哪门功课学得好？哪门功课略差些？孩子的薄弱环节在哪里？他有哪些好或者不好的学习习惯？目前学习中存在的问题在哪里？哪些问题是亟须解决的？

想明白了这些问题，再开始勤奋地学习，我们的勤奋才会有价值，我们的努力才不会白费。孩子的目标应该是富有成效，所以，提高效率是很多孩子面临的问题。

面对“忙碌”却没有“成绩”的孩子，我们也许更需要重视一些其他能力的培养。

合理安排学习计划

“人们到处闲逛的时候，不可能突然发现自己最后逛到了珠穆朗玛峰峰顶。”没有人可以随随便便地达到某一高度。确定一个符合自己实际的目标，然后针对目标制订合理的计划，并严格按照计划落实，这是保证效率的第一步。不管工作还是学习，最忌讳漫无目的忙碌，只要你能够按计划行事，就可以有条不紊地达到可能的最佳结果。关于怎样帮助孩子制订学习计划这件事情，我们在下节将进一步展开来讲。

在适合的时间做适合的事情

合理安排时间也是提高效率的重要手段。将自己的时间和精力匹配起来，选择在最有精力的时候做最重要的事情。

“一年之计在于春，一天之计在于晨”，早晨通常是我们头脑最为活跃、思维最为敏捷、记忆最为清楚的时候，孩子在学校里课程表的安排也体现了这个原则。当然，每个人的特点也是各有不同，有人属于“夜猫子型”，夜晚才是最为精力充沛的时间，那么这类人也可以选择把最重要的事情放在晚上来做。总之，了解孩子的精力巅峰并进行合理利用，这也是用更少的时间达到更好效果的高效原则之一。

专心做好眼前的事情

孩子在学校一堂课四十五分钟，尽管不能保证每分钟都在聚精会神地听讲，但至少他必须坐在那个位置不能乱跑。在家里的情况就截然不同了，常常是一会儿上厕所，一会儿喝水，一会儿又嚷嚷着饿了，总是“做不完”一件事，就要起身去干点什么。这样会有什么效率而言？所以我们常常看到，孩子写了一晚上作业，还是没写完。其实，孩子根本没有想真心实意地“做完它”。

“两耳不闻窗外事，一心只读圣贤书”，能够专心做好眼前的事情，不被周围的纷繁所打扰，才能保证你做事的效率。专注力的缺失，也是大多数“勤奋”的孩子所缺乏的能力。

劳逸结合

学习固然重要，身体才是本钱。保证合理的睡眠时间加适时适量的运动是高效率学习的重要保证。

要让孩子养成健康的生活习惯，规律生活才能保证良好的学习状态。平时学习很累，到周末不要再给孩子安排过多的课外班，可以允许他在家适当地看看电视或者打会儿游戏，也可外出走走，爬爬山或逛逛街，这样做身心既可得到充分休息，又可乘机观察外面的世界，接近大自然，这其实也是另外一种学习。

很多人都觉得运动是浪费时间，但研究显示，运动可使一个人的工作效率提升 15%。每天坚持适量的运动，不但能强健体魄，还能提高人的自我管理能力，精神状态和承压能力也都能得到显著的提高。

“文武之道，一张一弛”，在孩子学习这件事情上，父母要保持好心态，不要总是紧张于孩子成绩的高低，嫌孩子用的功不够。学习多长时间不是衡量勤奋的标准，归根结底还要看孩子自己是不是真的“学进去了”，我们要鼓励孩子做一个高效的学习者，而不是仅仅表扬他的勤奋。

帮助孩子制订学习计划

前面我们讲到要告别低质量的学习，开始高效学习的第一步就是要确定一个符合自己实际的目标，然后针对目标制订合理的计划，并严格按照计划贯彻落实。

不少家长每天会花很多时间在陪读上，监督孩子有没有偷懒，并时刻准备解答他们在学习中遇到的难题。很累，很无奈。其实，你应该先花时间和孩子一起制订一个详尽的学习计划，从每个学期，每个月，每周，到每一天，让孩子明确知道自己在什么时间应该干什么，要达到怎样的目标，然后你只要适时地督促和检查完成情况即可。让孩子自主学习，同时也解放自己。

小学生一二年级的寒暑假作业中，老师布置的常规作业之一就是让他们制订并装饰一个一日作息时间表。快开学时，在检查这种作业的完成情况时，家长总是漫不经心地扫上一眼，看到这一项有了，就认为完成了。如果是这样，就太遗憾了，你真心是没有理解老师的良苦用心，错过了培养孩子好习惯的一个机会。

老师布置的事情，孩子一般都会认真完成，制订计划，孩子们能想到无非就是几点起床，几点学习，几点吃饭，几点睡觉，为了使自己的作业更好看，他们还会花精力在上面画上好看的图案。但这些都不是重点，我们应该通过制订计划，落实计划，培养孩子好的学习习惯。孩子那个看起来不错、很花哨的计划并不能达到真正的预期，这个时候，家长有必要帮助孩子制订一个靠谱的学习计划，会让他们目标更明确，行动更有效，才会助他今后的学习一臂之力。

怎样帮助孩子制订学习计划?

寒暑假，是我们教会孩子制订学习计划的好时机。因为孩子在家的时间比较长，他们往往无所事事，这个时候帮助他们制订一份好的计划，会让他们度过一个即学得多又玩得好的假期，从而让他们从实践中体会到计划的好处，并在今后的日子主动为自己制订计划。

小学低年级的孩子，我们可以让他参照学校的课程表的形式来安排好每周的计划；高年级的孩子，我们就要求他自己尽可能完善的列出每天的详尽计划。

计划应该达到什么样的程度呢?

列出每天的学习科目和学习时间段，并尽量详细地列明早晨几点到几点读什么书，至少读多少页，中午几点到几点午睡，下午几点到几点各安排哪几科学习，傍晚几点到几点体育锻练或课外阅读，每一科目学习上一般兼顾到学习的吸收、复习、练习、归纳总结等几大环节，连学习期间的休息时间的长短都列出来。

看起来似乎很复杂，其实仔细梳理一下，就会很清晰了。

放假之初，先列出假期中要做的几件大事。比如：要进行一次大概几天的旅行，要去参观哪几个博物馆，或者先前与小伙伴约定的要去什么地方。然后再来填写其他日常在家的计划安排，最后安排周末假期的时间，这个时间可以机动灵活些。

计划制订好了，就一定要保证贯彻落实，有些需要家长配合的事情，如果家长临时有事没有陪孩子完成，那就一定要有补救措施，或者更改日期，或者换成其他相似的活动。家长的说到做到才能带动孩子的言必信，行必果。

相信如果在合理计划安排中度过一个充实的假期，孩子对于计划的理解会更为深刻。

家长在让孩子制订计划的同时，也要让孩子看到自己也是按计划工作和生活的，增加孩子对于计划的感性认识。过去我们习惯在台历上记下自己做的事情，或者未来哪天将要完成的任务，作为备忘提醒，其实这也是计划的一种。你最好仍然保持这个习惯并让孩子看到，而不是仅仅记在自己的手机上。

如果准备出门旅行，你会提前安排好工作，排出可以休息的假期，在确定时间后就要订票订酒店，安排行程，计划都去哪几个景点，怎么去，待多久，在哪儿吃饭？等等这些功课，出门前你一定都是考虑过的。带孩子出门，当然不能说走就走的，其实这个过程大可以邀请孩子一起参加，在出发前就让他们知道自己会去哪里，住哪里，预期看到什么，吃到什么，孩子的旅行就不是盲目地跟着父母简单地走走看看了，旅行对于他们而言内容就会更为丰满。

当孩子切身体会到计划的无处不在，理解到计划会让我们的生活更为高效时，他们就会不由自主地为自己制订计划了。

我们在鼓励孩子为自己制订可行的学习计划的同时，也可以尝试让孩子来制订更多的计划。比如安排一下家庭的每周食谱，让他自己规划过年收到的压岁钱该如何使用，大一些的孩子你甚至可以放手让他来为全家安排一次短途旅行。

对于孩子来说制订计划不单纯是为了更好地学习，更是一种能力的培养，具备了合理计划的能力，那么他长大后的工作生活也会井然有序。一定是个“靠谱”的好青年。

家长们努力让自己更有计划地生活，并让孩子参与其中，这就是对孩子制订计划最好的帮助。

孩子马虎的本质就是缺乏注意力

这道题问的是还剩几本书，你怎么答的是共有几本书啊？这里让写反义词，你怎么写成近义词了？考试卷上没写名字……这类事情发生时，我们常常会无奈地说：“这孩子，怎么这么马虎！”

孩子的马虎是个让家长头疼的问题，但总苦于没有什么好办法解决，虽然总是不断地提醒，却并没有什么作用。生活中的小糊涂，家长们并不是怎么在意，可是考试中的马虎，却会让家长感到遗憾，总是认为题目孩子明明是会做的，只是因为粗心，所以才没有得到满意的分数。常常会说：“我家孩子其实挺聪明的，就是太马虎！”

讲真，考试分数是客观的，关于分数的高低没有解释的理由。为什么要考试，就是通过考试来检验孩子的能力，不仅仅是对知识的掌握，也包括应变能力和心理素质。归根到底，丢掉分数的原因无他，就是知识掌握得不够熟练，综合素质有待提高。

所以，不要再用马虎当作挡箭牌，马虎的本质就是缺乏注意力。告别“小马虎”的做法，就是注重培养孩子的注意力，当他们能够集中精力完成眼前的事情时，那么不管是生活中还是试卷上就会减少很多不必要的失分了。

其实缺乏注意力的危害不仅仅表现在由于马虎导致的学习成绩差，还可能会表现在自信心不足，无法专心做一件事，人际关系紧张，学校纪律难约束等很多方面，所以家长一定要重视起来。

其实孩子注意力的培养从幼儿时期就应该开始了。当孩子在很投入看书或者玩玩具时，家长一定不要去打扰，可以晚一点喝水，可以过一会儿再吃水果，不用问他要不要尿尿，即使尿裤子，也没什么大不了，说明他是真的投入进去了！大人可以废寝忘食，孩子也可以全情投入。因为，孩子注意力能够集中的时间是逐渐增长的，他们小的时候注意力能够集中的时间是比较短的，如果中间再被频频打断，那么他们就很难养成集中精力的能力。等到上学后，上课坐不住，经常跑神，也就在所难免了。

有一些孩子尤其是小男孩上课不自觉地玩起铅笔橡皮，或者左顾右盼，老师会给家长反映他们不遵守纪律，太过调皮；有些女孩可能貌似老老实实坐着，其实眼神空洞，思想不知已经神游何方了！在小时候没有注重注意力的培养，上学后才暴露出来的问题，这令很多家长后悔不已。其实没关系，孩子处于成长之中，可塑性很强，只要我们从现在开始着手帮助孩子，那么亡羊补牢也不是太晚。

当马虎成为习惯，不仅在学习上，在生活中孩子会表现为对许多事物“视而不见”，比如，奶奶让帮忙把桌子上的老花镜拿过来，孩子跑过去转了一圈，坚持说没有，奶奶自己过来一看，眼镜明明就在桌子上的一本书上面放着；考试中审题不清，也不知是来不及还是没看懂，总是因为没有正确理解题意而丢分，这眼神咋就这么不好使呢？

当然这绝对不是眼睛的问题，是对信息的扫描能力差，不能充分注意到有效信息。训练注意力我们通常采用的方法是阅读、下棋，或者通过学习乐器等来得到锻炼。

培养孩子的注意力，父母可以把它融入到生活学习的每个时刻。把听、说、读、写变成游戏，与孩子玩起来，一定会有好的效果。

家长可以和孩子玩“学说话”的游戏，我说你听，然后重复下来，看似简单实则不易，即要听得清，又要记得住，并且还要说得出，整个过程必须要非常专注，否则是不可能完全重复下来的。每天十分钟，家长和孩子互动起来，你考他，他考你，来试一试吧！

我们还可以和孩子一起比赛默写古诗词，现在孩子从幼儿园就开始背诗了，虽然背得熟，但不一定都会写，因为古诗文中有一些是通假字或者现在不常用的字，保证全部能书写正确也是不容易的。每天一首诗，压力不大，用时不长，两个人写起来，谁写得又快又准又整齐，谁就获胜。也可以适当设立一点小奖励或者小惩罚，比如赢了可以吃一个奶酪，输了的要去扫地等。当然这其中，家长可以用一点小伎俩，故意把容易混淆的字写错，看看孩子能不能发现，给孩子取胜的机会，让他们更有信心、更有兴趣，这其中的故事，就请家长自行发挥了！

总之，马虎在很多家长看来就像是“牙疼”，“牙疼不是病，疼起来真要命！”偶尔的马虎没有太大影响，可关键时刻的马虎可能带来难以预计的后果。既然这样，我们在平时多用心对孩子加以训练，做好预防，让孩子的注意力在需要的时候就能集中起来，马虎也就不会来骚扰我们的孩子了。

磨蹭的另一面是自制力不足

不夸张地说，孩子的“磨蹭”是每一个父母的“梦魇”。叫起床拖拖拉拉，让吃饭东张西望，写作业心不在焉，总之，不管做什么事情总是要超过正常预期的时间，直逼得平时淑女的妈妈大喊大叫，绅士的爸爸火冒三丈。

这“倒霉孩子”怎么就不知道着急呢！“磨蹭”究竟是与生俱来的“慢性子”，还是后天养成的“坏习惯”？我们承认有天生的“不着急”，也一定有因为不良的养育方式造成的“坏习惯”，但现在“小磨蹭”是大量普遍存在的。应该说，大部分孩子并不是成心磨蹭，而是因为不能很好地控制自己而造成的磨蹭。

对于孩子“磨蹭”的事迹，每个家长都可以举例说明，对付磨蹭的有效办法，他们大多是失败的教训。也经常会有家长自我安慰，等长大了就好了。会好吗？我劝你还是醒醒吧！“磨蹭”它是病，得治啊！

治病嘛，要想疗效好，当然标本兼治。治标，先要改变表面状况；治本，就是消除心理根源。“磨蹭”的表象很简单就是做事拖拉，根源就是缺乏自制力。

父母感觉孩子总是不知道着急，殊不知其实只是未到着急时！早晨催起床、催穿衣、催吃饭，在妈妈一声高过一声的催促声中，孩子总是紧张不起来，还要再赖一会儿床，还要想想穿什么衣服，还要看看早餐有没有爱吃的东西。总之，他们不能马上投入眼前的事情，总是很容易被其他的事情或者声音所打扰，而不由自主地想去看看、听听，从而耽误了时间。因为父母了解孩子的磨蹭，又不忍心真的让孩子迟到，每次总会在时间上预留提前量，所以大多数情况下，孩子并不会真的迟到而耽误事情，对于自己的磨蹭，不以为意也是自然而然的了。

治标，家长先要狠下心来，停止提醒和催促，就让孩子亲身体会下磨蹭的后果。当他发现真的来不及时，自然就会着急起来。当家长看到孩子不知所措的紧张表情或者着急流下的眼泪，一定要按捺住心疼，不要千方百计地帮助孩子挽回局面，你要做的就是按部就班，让孩子明白迟到与否都是他们自己选择的结果。如果是孩子比较喜欢和在意的事情，这种经历会让他们更为深刻，短期内孩子至少在这件事情上会主动地克服磨蹭的毛病。

治标的方法相对简单粗暴，虽然效果显著，但缺点是有效期比较短，我们知道孩子总是不长记性，好了伤疤忘了疼。下一步，我们要巩固疗效，就要开始磨耐心，看长效的治本的过程了，培养孩子的自制力！

从字面解释，自制力就是控制自己的能力。自制力强的人，往往意志比较坚强能够耐心等待，比其他孩子更加懂得克制冲动和忍受挫折。良好的自制能力是少年儿童良好的心理品质。显然，孩子缺乏自制力，就无法很好地进行自我管理。家长应该注意孩子自制力品质的培养。

人的自制力虽然带有先天性，但后天的影响、教育、自身修养更为重要。自制力的培养跟其他能力的培养一样，应该尽早开始。如果孩子在小时候就慢慢形成了很好的自制力，对于他们以后的成长和发展有极其重要的积极作用。那么，如何培养孩子的自制力呢？

孩子的自制力形成有一个过程，对于年纪较小的孩子还不能判断和评价自己行为的适宜度，这时，家长就要制订一些必要的“家规”了。比如放学回家半小时休息吃东西，然后写作业，饭后休息半小时后进行课外阅读，收拾书包，之后到九点之前这段时间可自由支配，这样孩子慢慢就形成了习惯。要注意规矩不能太多，要善于抓住主要矛盾，要给孩子留一点空间。“他制”还可以通过家长、老师、朋友、同学等外力来进行，比如，孩子早晨拖拉，可以约小伙伴每天和孩子一起上学，这样相互监督与促进，孩子自然就会有时间观念了。

教会孩子自我克制的技巧。

心理暗示法，积极的心理暗示可以用来形成过人的意志力。比如，当坚持不下去时，告诉自己“我一定行，只要坚持！”“太棒了，我又完成了一道题！还有三道题，我就大获全胜了！”，等等

积极补偿法，如果要做一件自己很不擅长的事情或者很不喜欢的事情时，就告诉自己如果我要是完成了，就对自己实施一些奖励来补偿自己，比如看一部喜欢的电影，吃一顿大餐等等。

注意力转移法，就是在受到不好的刺激时，可以先想点或干点别的。当遇到可能会使自己失去自制力的刺激时，应竭力回避。如隔壁有人骂我，就不去听，而是外出散步，这样就避免发怒造成冲突。

家长要注意及时采用适当的方法来奖励孩子让他形成自制力。当孩子有了好的变化时，如果得不到及时的关注和奖励，这种行为可能会退缩，回到原来的状态。我们可以采取精神奖励为主，物质奖励为辅的手段来对孩子进行奖励。比如用真诚的赞赏的语气对孩子说：“你真的长大了，如果你坚持下来的话，你一定会成功的！”尤其是那些平时很少跟孩子交流的家长，家长的关注会让孩子更加坚定上进的信心。物质奖励则不要过于频繁，而且最好用于结果而不是过程。比如，当孩子通过一段时间的努力行为有了很大的提高，并有了实质性的成绩，你可以对他进行适当的物质奖励。像奖励一起去动物园，或者他很早就想要的一本书、一个玩具等。而不要说：

“你今天要是能连续学习一个小时我就给你买件新衣服！”那样做，会使孩子的自制力形成的过程带有表演性质，不利于孩子真正发展。

自制力的养成非一日之功，拥有良好自制能力的孩子不但可以从根本上改变磨蹭的毛病，同时也变得做事更专注、学习更出色。

提高孩子专注力的方法

很多家长尤其是全职在家带娃的妈妈们，都会苦恼于孩子为什么总是停不下来，动个不停，说个不停，他们怎么就不能安安静静地自己干点什么？每天只能等到孩子睡了，妈妈才能获得片刻的安宁。这种状态，每个亲自陪伴过孩子成长的家长都深有体会。

孩子天性本是如此，如果你发现他打蔫了，对什么都提不起兴趣，那一定就是病了。所以，在我的孩子小的时候，每当被他“折磨”得疲惫不堪时，我总是安慰自己：孩子充满活力，至少说明他的身体健康！

现在生活条件越来越好，每个家庭对孩子的教育也更加关注了，很多年轻的父母从备孕那天起就开始学习育儿知识，随便哪个妈妈都能讲几个“新名词”！专注力就是点击率很高的词语，打开电脑，输入专注力，你就会发现有很多机构的广告，他们说孩子学习跟不上，做事拖拉、上课效率低、情绪不稳定……，总之很多所谓问题的根源都被装在专注力差的这个筐里，并声称他们可以通过专业的训练和治疗帮助你解决这个问题。

但所谓专注力的好与差目前并没有一个统一的标准，如果您的孩子并非真的患有类似多动症的病症，那您就大可不必为此过于焦虑，相信大多数孩子都是健康而正常的，只是个体差异是必然存在的情况，只要家长在养育孩子的过程中，动动脑筋使用一些小方法，就会对孩子有所改善。

训练提高孩子的专注力，家长能够做的有哪些？

设定一个积极的目标

我们发现，当你在某个阶段有一个特别想要达到的目标时，整个人都是“燃”起来的状态，即使是只有三分钟热度的人，至少那三分钟是积极投入的。当然如果给孩子设定的目标恰好是他感兴趣的，又稍加努力就能实现，那么孩子的专注力在短时间内就会迅速地发展和变化。

善于排除外界干扰

很多时候，孩子不专心就把“锅”扣在外部环境上，要知道地球不会为了谁停止转动，改变现有环境很难，适应环境才是首选。怎样于闹中取静，其实也是可以锻炼出来的。

毛泽东在年轻的时候为了训练自己注意力集中的能力，曾经给自己立下这样一个训练科目，到城门洞里、车水马龙之处读书。为什么？就是为了训练自己的抗干扰能力。所以后来作为杰出的军事家，他才能在炮火连天的情况下，依然能够注意力高度集中，沉着冷静地判断战略战术的选择，进行军事部署。

虽然我们强调尽量给孩子创造一个好的家庭环境，但也并非要一切以孩子为中心。温馨和谐的家庭氛围比一个绝对安静的房间更让人感到温暖。下岗的电视，被禁声的音响，我们可以适当地开启，训练孩子排除干扰的能力，如果他们能做到在阅读和学习的时候，对周围的一切因素置若罔闻，必成大器！

文武之道一张一弛

学就学得投入，玩就玩得痛快！要教会孩子节奏分明地处理学习与休息的关系。很多孩子都有的毛病就是一边学，一边玩，书一直在手边，但是效率很低，一会儿干干这个，一会儿干干那个，结果是学习没什么成效，玩也没尽兴！

怎样劳逸结合呢？比如：早晨准备背单词，就集中一小时的精力背 20 个英语单词，看能不能熟练地记下来。高度地集中注意力学习，然后再休息、再玩耍。学的时候精神能紧张起来，玩的时候充分地放松，当你需要再次进入学习的时候，又能够重新集中注意力，这样才叫张弛有道。一定要训练孩子这个能力，学习不是熬时间，专注地学习能带来高效率。

培养对专注力的兴趣并建立自信

为什么同一个老师教的孩子成绩差别会很大，智商因素绝不是首要原因，最重要的不同就是在于有没有专心听讲。要让孩子明白这个道理，学渣与学霸的差别就是他的心在书上，你的心在游荡。

家长首先可以通过游戏的方式来训练孩子注意力集中的时间，因为对于孩子来说没有什么事情是用游戏解决不了的。比如：扑克牌的新玩法，全家总动员，根据参与人员的多少，可以用整副或者半副牌，洗好后扣在桌面上，大家依次翻牌，每次翻两张，遇到一对就收入囊中，最后看谁手里牌多。规则很简单，起初几轮看运气，后面就要看谁更认真谁记性更好了，因为需要你全神贯注地盯着并记住别人翻过的牌是什么，你才能有更多凑对的机会。多进行这样的游戏既能培养孩子的专注力，还能促进全家人的情感交流。

在很多场合都会听到家长说：我家孩子干什么都精力不集中。时间长了孩子自己可能也这样认为。这就变成了不良的心理暗示。千万不要这样认为，因为这种状态是可以改变的。

对于绝大多数正常人、健康人，只要我们下定决心，不受干扰，肯定可以做到注意力高度的集中。家长要让孩子相信自己可以具备迅速提高注意力集中的能力，具备良好的专注力这种素质，只要自己刻意地多加训练，一定能够产生一个飞跃。

前面说了这么多，主要是对上学的孩子而言，如果您的孩子还小，那么就更为简单，您只要做两件事就好：第一不打断孩子，第二和他做游戏。

适当引入竞争机制

孩子的成长过程就是对未知世界的探索之旅，他们充满好奇，他们喜欢模仿，他们在意对比……孩子的竞争意识是与生俱来的，只是程度不同而已。最为明显的是在多子女家庭中，我们可以看到每个孩子都希望吸引父母的注意，得到更多的关爱。

竞争意识是指对外界活动所做出的积极、奋发、不甘落后的心理反应，它是产生竞争行动的前提。培养孩子的竞争意识，鼓励孩子参与竞争，对于孩子的健康发展和今后适应社会都具有积极意义。

但竞争也是一把双刃剑，在孩子的成长过程中父母适当地引入竞争机制，它可以成为孩子进步的助推器；但过度地给孩子灌输竞争意识或者给予孩子太大的压力，则会对孩子的身心健康带来不良的影响。

小石头的妈妈本是职场辣妈，工作带娃都不甘落后。可小石头上三年级时，爸爸由于工作需要出国，家中老人身体不好也不可能长期帮忙，小石头的妈妈从以前的匆忙而淡定变成了匆忙而焦虑，这样坚持一段时间以后，她最终无奈地决定，暂时辞职在家照顾小石头。要强的石头妈妈觉得自己都在家全职照顾孩子了，那孩子的各个方面都应该更为出色，才不枉她的付出，才能看出她的才能！

都说三年级是小学阶段的分水岭，孩子成绩的走向由此决定。石头妈妈也是全身心地投入到对石头的管理之中，无微不至地照顾孩子的衣食住行，时刻警惕着孩子的成绩波动，奔波于课外补习班，还要注重孩子特长爱好的培养。虽然不上班，但一个人带孩子毕竟不容易，身体和心理压力都比较大。陷入焦虑的妈妈深深地影响了孩子，过分注重分数，患得患失之间，原本阳光快乐的小石头，越来越郁郁寡欢，他时刻关注着妈妈的脸色，总是担心自己的成绩不够理想，可是格外的勤奋用功却始终没有迎来成绩上的飞跃，而只是艰难地保持原状。

显然，石头妈妈和小石头都陷入了不良竞争的心态之中，培养孩子正确的竞争意识，健康的竞争心态才是最重要的，而不应该以成败论英雄。

涛涛和浩浩同岁，是同一栋楼的邻居，是同一所学校的同学，是一起长大的伙伴。他们周末一起玩耍，假期一起出游，分享喜怒哀乐，同时也会互为较量，是一对相爱相杀的好朋友。

其实，他们能走得这样近，也是缘于他们两个的妈妈。怀孕时，在小区散步，两个孕妇自然而然聊了起来，逐渐成为朋友。如今生活在水泥丛林里的城市孩子往往都缺少玩伴，两个妈妈都希望为自己的孩子寻找适合的伙伴，于是她们为孩子制造了更多的接触机会。在两个孩子的成长过程中，他们相互竞争，也相互帮助，始终在共同进步。

这两位妈妈在教育孩子的过程中都做了什么呢？

培养孩子正确的竞争意识和健康的竞争心态。

竞争意识与自我意识紧密相连，清晰的自我意识是在与他人的比较之下才显现出来的。孩子只有在与他人的交往过程中，才会逐渐认识和发展自我意识。鼓励孩子多和同龄的伙伴一起玩要是孩子自我意识发展的重要手段，家长应及时予以支持与正确引导。

作为孩子的第一任老师，父母在培养孩子健康的竞争心态上起着极为重要的作用。在培养孩子竞争意识的过程中，也应让孩子明白，竞争不应是狭隘的、自私的，竞争应具有广阔的胸怀；竞争不应是阴险和狡诈，暗中算计人，而应是齐头并进，以实力超越；竞争的同时也需要协作。

引导孩子积极看待竞争，在竞争中要学会宽容

无论是成功还是失败，结果都会转瞬即逝，人生会面临无数的竞争和考验，没有哪一次可以决定我们漫长的一生。不要太在意结果，而是应该看看我们能够发现什么、学习什么，当我们面临下一个目标的时候，怎样做才会更好。家长应该教会孩子看重和享受竞争的过程，人的进步在于不断超越自己，而不是和别人比高低。

现实生活中，在比赛中失败的孩子，往往会流露出不高兴的情绪，这都是正常的表现，但不妨碍他可以发自内心地祝福那个取得成功的对手。父母在培养孩子竞争意识的同时，要提高孩子的竞争道德水平，注意培养孩子的竞争美德，教育孩子在竞争中要学会宽容，让孩子能积极、正确地面对竞争。积极参与竞争是对的，但是不应该把“第一”当成竞争的唯一目的，而更应该注重孩子在参与过程中培养的良好品质，如遇事冷静、沉着、性格开朗等。这些个性品质比“第一”重要得多。

助孩子找到竞争的优势，教会孩子在竞争中合作，倡导孩子进行良性竞争。

鼓励孩子建立自信，敢于面对竞争。每个人都不可能是全才，有长处也有短处。不可能在所有的方面都最为优秀，帮助孩子找到自己的优点，建立坚定的自信，这是面对竞争时，合格家长首先要做的。

竞争与合作是不矛盾的，要让孩子明白很多事情需要在合作中才能解决，而且个人也只有在合作中通过互通有无、取长补短才能获得更大的发展。父母在重视孩子竞争意识培养的同时，也要注意对孩子合作精神的培养，才会让孩子在与伙伴的良性竞争中不断获得进步。

总之，家长在教育孩子的过程中，要适当地引入竞争，正确运用竞争，才会让孩子在力争上游的同时，不忘本心，健康成长！

记错本比记事本更有用

记事本，我们都知道，那是放学后孩子们的行动指南，在上面签字画押是家长每晚必做功课。它的重要性不言而喻，和书本、笔袋一样是孩子书包中的重要成员，天天都要带着，在字迹和内容的变化之中，记录着孩子成长的轨迹。

在孩子的学习过程中，记事本是必要且重要的，但同时，我们还应该准备一个同样必要，也许更为重要的本子——记错本。顾名思义，就是来记录孩子曾经做错题目的本子。亡羊补牢，未为晚矣，这个道理我们都懂，记错本就是孩子在学习中进行亡羊补牢的重要举措。

关于改错这件事，老师耳提面命，家长监督催促，有心的商家还设计印制了专门样式的记错本，这边抄错题，那边改错题，也真是贴心啊！孩子普遍都有记错本，也听说过记错本的好处，可真正能充分利用记错本、体会出记错本不可或缺作用的孩子却不是很多。所以，今天我们就看看问题到底出在哪儿？

记错首先是一个要长期坚持的过程。很多孩子三分钟热度，起初会认真把错题抄在本子上，可时间稍长，他们就会懈怠下来，认为这样做很浪费时间，安慰自己只要题目会了，似乎也没有必要一定要抄下来啊！

记错本来就是一件麻烦的事情，需要耐心、恒心才会有效果。只是拿眼睛看会的题目你只记在了眼里，但用心抄写下来，最好还要整理分析后才能达到积累的目的，你才会记到心里，因为每一步都是自己思考后写出的，满满的都是心血！

那么怎样有效地利用错题本呢？只是简单地一股脑抄写显然是最低层次。我们在抄写的同时一定要学会思考，并进行分类和整理。

错题的分类可以按错误的类型分，也可以按章节、按知识点分，都是可以的，凭你自己的习惯。

比如，错题的类型不外乎三种：第一种就是我们常说的所谓低级错误、特别简单的题目，就好像把 1 + 1 算成了 3，有一种恨不得抽自己嘴巴的感觉；第二种就是面对难度较大的题目所犯的错误，拿到题目一点思路都没有，根本不知道该从何下手，可一看答案却恍然大悟，有一种怎么我就没想到的遗憾；第三种就是题目难度中等，按道理有能力做对，但是却做错了，这时就恨自己为什么没把知识点掌握得更熟练些。

总之，把这些错题记录在案，并且时不时“温故”一下，掌握了自己犯错的类型，就为防范错误做好了准备。下次再遇到相同的情况，就不容易掉进同样的小陷阱里，避免一错再错，我们的目的也就达到了。

对于小学低年级的孩子，分析整理的工作可能需要家长来帮忙，但很多家长看到那些没有技术含量的题目，认定只是由于马虎粗心才犯的错，有时就会被自动屏蔽，这样可就是你的不对了。错误的原因可能有多种，但根本原因还是不够熟练，不够认真，所以，不要放过每一个小问题，将来才不会出大问题。

家长在帮助孩子分析整理的同时，也一定要教会孩子方法，俗话说：师傅领进门，修行在个人。教会孩子学习的方法，比教会他知识本身更为重要。

只要坚持下去，你就会发现随着年级的升高，错题本对于孩子来说意义就更为重大。这里我也提供几个建立错题本的方法。

升级记录方法。在错题的旁边写出该题的解题切入口、思路突破方法、解题的技巧、规范步骤等，并分析自己错误产生的原因及根源。这种记述方法开始时可能会觉得较困难或写不出，不必强行，多加练习，总结得多了，自然会有心得体会，渐渐就能认清自己思维中容易出现的障碍，找到错误的根源。

学会给自己出题，也就是错题改编。看起来难度较大，其实也没有想象中那么难，如果换一种说法，换一个条件会怎样？多想想不同的可能性，那么你就学会了真正的举一反三，真正是记录一道错题，达到多种功效！

自己动手重新排列组合。采用活页的本子记录错题，让孩子将“错题集”按自己的风格，编号页码，进行组合，由于每页不固定，故每次查阅时还可及时更换或补充。这样有利于同一知识点，或者同一类题目进行统一复习和强化练习。对于相关错误知识点的整理与总结，虽然工作繁杂，但其作用决不仅仅是明白了一道错题是怎样求解这么简单，更重要的是通过整理“错题本”，将知识在头脑中形成体系。

下面我们再来简单地说说如何利用错题本？这当然也是学问，我们花费大量时间和心血写成的记错本一定要发挥它应有的作用才行。

首先要经常阅读。错题本不是把做错的习题记下来就完了。一定要经常在空闲时间或准备下一次考试时，拿出错题本，浏览一下，错题不妨再做一遍，这样就使每一道题都发挥出最大效果，在今后遇到同类习题时，会立刻回想起曾经犯过的错误，从而避免再犯。做到同一道题不能错两次，同一类题目不能错两次，从而减少习题量，提高学习效率。

其次相互交流互通有无。由于基础不同，每个孩子所建立的错题本也不同。如果可能，同学之间可以交换错题本，从别人的错误中吸取教训，得到启发，以此警示自己不犯同样的错误，也可以提高练习的准确性。

总之，做错题本之初可能看不到立竿见影的效果，但是只要坚持下来，防范错误，一边记忆，一边翻阅课本，找准出错的原因，规避从前的错误，强化正确的知识，并根据自己的实际不断总结升级记错的方法，就会在潜移默化中培养孩子良好的思维方式，从而真正深刻地掌握知识，更加有效率地学习。

及时激励，让孩子始终保持心气

被人肯定、获得认同是每个人都需要的一种重要心理感受。换新发型或者穿了新外套，公司的同事夸你人美气质佳，尽管也许只是客气话，但你也会整天阳光明媚；自己熬夜调整出的新方案，主管看后立刻百分百通过，并拿给新同事当样本，你一定觉得熬出的黑眼圈是值得的。不论成人还是儿童，在一切活动当中最有价值的部分就是主观能动性和积极性。

当你得到激励，不管是物质上的，还是精神层面的，都会或多或少让你获得某种满足，接下来你会不由自主在被激励的方面带着更大的动力投入更多的热情。

虽然我们讲到在教育孩子的过程中，要培养他们崇高的理想，树立远大的目标，磨炼坚强的意志品质，但这一切意识形态的形成都需要一个必然的过程，在他们逐步形成自己的世界观、人生观的过程中，能够让孩子保持自信，奋力前行的方法中最接地气、最有效，且简单易行的就是及时给予他们激励。

“好孩子都是夸出来的”，因为孩子个个喜欢“戴高帽”，害怕被冷落，这是正常的心理表现。我们的父辈那一代总是吝于表达感情，不会与孩子进行亲密的情感交流。但现在年轻的父母们却好像又走向了另一个极端，“宝贝、宝贝”唤个不停，他们有一双特别善于发现优点的眼睛，总能在孩子的活动中找到可以表扬的蛛丝马迹。“你好棒！”“你真聪明！”使用的频率居高不下，可是这样空洞的话说多了，孩子听得麻木后，也就不再具有激励的作用。

我们说的及时激励，应该是包括两层含义，一个是时效性，一个是有效性。此话怎讲？听我慢慢道来！

时效性，当然不是指的时时刻刻，读过金庸的《天龙八部》一定会对星宿派掌门丁春秋的做派感到好笑，因为他就是喜欢别人的阿谀奉承，他的弟子们真心累啊，因为总要时刻准备着对他进行无下限的赞美。在这里不厚道地联想一下，是不是很多妈妈都会对孩子有如此停不下来的欣赏之情，不同的是他们是被动的，你是主动的！举这个例子其实是想说，时时的赞美不管是否发自内心，都会显得那么虚伪，那么流于形式，而无任何益处。所以时效是指那个对的时间。

怎样才算正确的时间？当孩子完成了一件具体的事情，达到了一个预定的目标或者准备突破自己尝试新事物，在这样的时刻，家长一定要及时真心地给予孩子鼓励和支持。

有效性，当然就是指在你刚才选择的那个对的时间做对的事情——给孩子有效的激励。激励可以是正面的鼓励、称赞、表扬，但也不用局限于此，激将法也是一种反向的激励。

对于孩子采用何种方法进行激励，家长要结合孩子的性格特点综合考虑。外向活波的，易于交往沟通，但情绪波动大，领先时容易骄傲得意，落后时又会消沉低落，往往韧性不足，这样的孩子有时给予适当的刺激，往往比单纯的鼓励来得效果更好。激将法能够激发孩子的斗志，挖掘他们内心中的好胜心，从而使他们在成功时能戒骄戒躁，在失败时能从头再来。性格内向的孩子，易集中精力，善于思考，但不喜交流，有想法往往埋在心底，家长不了解他们想的是什么，是否正确，有时会感到无从下手，这样的孩子敏感多思，家长要尽量多采用鼓励的方式，当孩子主动和你交流时，一定要真诚以待，切不可敷衍了事。

莎莎是一个三岁的小女孩，她十岁的姐姐和爸爸妈妈都喜欢看书，家里桌子、椅子、床上到处都有书的踪迹。一天，她拿起一本姐姐的书煞有介事地看起来，姐姐说："看什么啊！你又不识字！"莎莎不服气地跑到妈妈面前说："我也会读书！"虽然她明知道自己不识字还要这么说，就是好胜心促使下的条件反射，莎莎的妈妈并没有揭穿她，也不是简单地一笑了之，而是很认真地蹲下来对莎莎说："那当然了，我们全家都很爱读书，你以后有不认识的字欢迎你随时来问我们啊！"渐渐的，莎莎真的开始识字了，并且爱上了阅读。

莎莎妈妈看似简单的一句话，在孩子的身上却产生了很奇妙的化学反应，这就是及时有效的激励产生的效果。

家长在激励孩子的时候一定要讲究技巧，首先要及时，要在事情发生的当下。其次要具体，说得越具体，孩子越容易明白哪些是好的行为，越容易找准努力的方向。例如，孩子看完书后，自己把书放回原处，摆放整齐。如果这时家长只是说："你今天表现得不错。"表扬的效果会大打折扣，因为孩子不明白"不错"指什么。你不妨说："你自己把书收拾得这么整齐，我真高兴！"再次要重过程，家长不能总是盯着事情的结果，对孩子来讲过程才更为重要，因为孩子的能力有限，有时好心不一定能办好事，比如：孩子自己洗了内衣，显然没有洗干净，妈妈还要返工，但此时妈妈要说的不是"你不会，以后不要洗了！"而是鼓励孩子："你能自己洗衣服，真是个勤劳的孩子！"

只要家长多用心，及时激励，始终让孩子保持积极向上的健康心态，你也一定能"夸"出一个好孩子！

第五章

好父母，给孩子一个好的世界

我常常对父母说的一句话就是：“你给孩子一个怎样的世界，孩子就有怎样的未来。”除了阅读和学习，作为父母来说，良好的亲子关系和家庭氛围，其实也是在潜移默化中影响孩子性格发展的关键因素，作为父母，千万不要忽视这一点。

孩子是父母的一面镜子

孩子除了先天从父母那里继承了基因，更在后天的生活中从父母那里学会了怎样为人处世。这些年关于“原生家庭”的理念也常常被大家提及，每个成年人的身上都有其原生家庭留下的痕迹。所以，当每一对父母迎来自己的孩子以后，承担的不仅仅是养育孩子的这份责任，更是给了自己一个成长和完善的机会。

孩子是父母的一面镜子，他们身上真实地还原了父母的状态。你每天压力山大，孩子就会精神紧张；你每天闷闷不乐，孩子也就难得一笑；如果你风轻云淡，那孩子就会阳光灿烂。现在家庭中，年轻父母忙于工作，家中会有老人帮忙来照看孩子，那么你就很容易在孩子身上看到他们的样子，可能是说话的语气，可能是生活的习惯，包括对待事物的看法和态度，孩子眼睛就是一架录像机，全方位记录和观察着周围的点滴。

一次跟团旅游，中午吃团餐，正好和团中两个带孩子的家庭一桌，他们带的都是男孩，看起来年龄也相仿，大概二三年级的样子。为了方便描述，在这里我就称两个孩子为小甲和小乙。小甲一家早到一步，就自然要先往里坐，正好和我挨着。这时小甲看到桌上已经上好的炸鸡块，忍不住伸手想要去拿，他的妈妈看到后，马上制止并对他说："大家坐齐了再吃！"声音不大，但语气坚定。小甲没说什么，放下包后就和妈妈去洗手了，小甲的爸爸独自坐在那里。

接着匆忙赶来的是小乙一家。随着他们的到来我们这一桌也正好凑齐了十人，于是服务员开始上热菜和主食。只见小乙一家三人坐定后，没有交流，直接低头动筷开吃！我们坐在旁边的其他几个人不由相互对望，因为这时小甲母子还没有回来。看到这样的情景，小甲的爸爸赶紧笑着说，大家都吃吧！一上午大家跑了两个景点，也确实饿了，于是也就开始吃了起来。

我注意到，小甲的爸爸没有动筷，显然他在等自己的老婆孩子一起。这时开始上饺子了，一种口味一盘，小乙家来得晚，坐在外面，每上一个菜都从他们那里开始，小乙妈妈总是快速地夹上好几个饺子放到自己和孩子的盘子里，然后转到小乙爸爸那里，小乙爸爸则全程集中精力地吃着，看到这种情景，显然小甲的爸爸有点着急，但又有点不知所措，于是，我拿起一双公筷，一边夹饺子往身边小甲的盘子里放，一边对小甲的爸爸说："给他们娘俩每个口味的夹上两个，一会儿回来也好尝尝。"小甲的爸爸有点不好意思地说谢谢，同时也给小甲的妈妈夹上了几个。

在旅行中组成的团队，人与人之间并不相识，随后也将各奔东西，他们的行为比之平时在熟人环境中则更为真实。小甲的父母时刻都在用自己的言行教育着孩子基本的礼节礼貌，这已经成为他们的习惯，无论何时何地。我有理由相信小甲长大后一定会是个谦谦君子。小乙的父母则顾不了那么多了，赶快挑自己喜欢的吃，快吃，别吃亏，这就是他们眼下的道理。在这种心态中长大的小乙会成为什么样的人呢？

也许是职业的敏感，在随后的旅行中，我不由得就会多留意两个孩子。其实，不用看将来，在眼前就有很多的分别。导游阿姨去买票的时候，小甲热心地帮忙拿着导游小旗，怕大家看不到就把胳膊举得高高地晃动，小乙则被妈妈摆着 pose，在公园门口不停地拍拍拍；导游规定了返回时间，小甲一家每次都会按时上车，小乙一家更多的时候则弹性很大；在大巴车上两个孩子凑到一起玩游戏，小甲的妈妈就会提醒孩子关掉音效……

父母对于孩子的教育不仅仅是每天督促学习、检查作业和讲大道理，更多的时候是来自家风的传承，来自日常生活点滴的耳濡目染。教育是一趟单行车，没有机会重来，父母教育孩子首先要教育自己，陪伴孩子的成长过程也必将是父母自身的一场修行！

同事小庞的孩子是个一年级的小豆包，一天周末单位有事，小庞只好带着她来加班！孩子很乖地在看书，我当然会夸奖一下爱读书的孩子，因为我知道来自外人的鼓励比她的父母更为有效。可小宝贝马上特别真诚地对我说：“奶奶说了，不好好学习，以后就像小区门口卖菜的阿姨一样！”听到此话，小庞马上说：“买菜阿姨很辛苦，靠自己劳动生活也是很好的啊！”这时我明白，小庞为什么这么辛苦也要把孩子带在自己身边，而不是像以前一样放到老人那里了！

我理解奶奶并不是瞧不起卖菜阿姨，只是希望用这样的方法来激励孩子好好学习，可是孩子的认知是有限的，他们听到、看到和理解到的都是事物表面的意思，所以当我们在孩子身上发现了不适当的言行时，首先要做的不是批评，而是自我批评，看看自己或者周围的人有没有给过孩子这样的信息。

“以铜为镜，可以正衣冠；以史为镜，可以知兴替；为人为镜，可以明得失”，孩子就是父母的一面镜子，我们一定不要忘记常常照照这面“镜子”，才能够与孩子共同成长进步！

尽可能不要替孩子做任何事

写下这个题目的时候，我不由抱紧了我的脑袋，因为我怕万一有家长乍一看到标题就来喷我：没养过孩子吧！这怎么可能，纯属纸上谈兵！孩子是喝西北风长大的啊？

可是，我还是鼓起勇气想要说点什么！各位，敲黑板，请注意了啊！现在说关键词：一、尽可能，二、替，三、任何事！

是的，孩子喝西北风长不大，一个身心健康的孩子身后肯定有一个和谐的家庭和富有责任心的家长。养育孩子的过程劳力而劳心，管他吃喝拉撒，管他衣食住行，管他所思所想。这没错，我也没说不让你管他啊！

首先我们说的是“尽可能”，不是绝对；其次我们说的是不要“替”，没有说不可以帮；最后这里的“任何事”是前面两个前提下的“事”，并不是所有事！

我不是“标题党”，也不玩文字游戏，我只是想说说生活中最常见的问题，聊聊这其中最简单的道理。

小周是个独立而自信的姑娘，有过前男友，但现在的她却说：暂时不想考虑男朋友，要让自己的思想放松一段时间，因为感觉好累！为什么会这样想呢？原来小周的前男友是个十足的“妈宝”。他非常听妈妈的话，在生活中不独立没有主见，对于女朋友他是按照妈妈的标准来要求，希望她们温柔贤惠，不仅主外还能主内，能干的小周在这方面显然是符合要求的，时间长了小周发现自己不是女朋友，简直就是他的妈妈和保姆。最让小周难以容忍的是，因为男友生活在妈妈的控制之下，可以说是妈妈的傀儡，自己对男友的付出和努力，都需要他妈妈来打分和评价。

“妈宝”是一种很神奇的生物，他们的肉身已经成人，但是内心仍然需要妈妈的呵护。“妈宝”是教育的悲剧，可现在我们很多的家长却在不自觉中打着“为孩子好”的旗号，在爱的名义下操控孩子的人生。

“妈宝”是怎样炼成的呢?

有妈妈在，一切都不是问题！这是所有“妈宝”的心理。因为在他们的成长过程中，父母都会为孩子想到并做到所有的事情，不辞辛苦、任劳任怨；同样的父母也要求孩子对自己言听计从，才能得到关注和需求的满足。长此以往，孩子慢慢失去了自己选择和面对困难的机会，也就没有机会增长自己的能力，对父母极度服从，慢慢地孩子也就不会选择、不会承担，更谈不上负责任了。从这个意义上说，虽然父母感觉自己全身心地爱着孩子，但对于孩子而言这种爱并不是真正的爱，而是制约他们健康成长的枷锁。

所以，我才会说不要替孩子做任何事情。在此真心地提醒所有的家长朋友，教育孩子不是让他听话，而是让他学会选择、学会照顾自己的人生。放手给孩子机会，让他们成长，否则你苦心养育的孩子最终成为一个身体已经成熟，思想却仍旧幼稚的“巨婴”，对于您和孩子而言都是及其悲哀的事情。

父母陪伴孩子成长，但不能代替孩子成长，成长中遇到的困难和烦恼是他们成熟起来的催化剂，我们不要过多担忧。要想培养出一个自立、自信的孩子，我这里给家长们一个“小窍门”哦！

那就是要学会“示弱”。

生活中，我们看到许多爸爸妈妈把自己当成无所不能的“超人”，只要孩子有需求，就会在第一时间为他们排忧解难。“女子本弱，为母则刚”，一些妈妈，生娃前还觉得自己是个“小公主”，可一旦成为母亲，上班、家务、带娃三不耽误的女性比比皆是。可遗憾的是往往能干的家长却有个“无能”的孩子，为什么会这样？真的，家长不要再那么能干了，你都干了，孩子哪来机会得到锻炼啊？他们也许做得不好，但请你耐心点儿，给孩子成长的机会。

有时你需要“笨”一点。比如：孩子有不认识的字过来问你，你可以假装也不认识，和孩子一起查查字典，看看这个字读什么，是什么意思，这样比起直接告诉他学习效果要好得多，而且在无形中培养了孩子的自学能力。下次再有这种情况，孩子第一时间想到的是自己查字典，而不是找你询问。因为很多字你也不认识啊！

有时你需要“懒”一点。你总是把孩子的房间打扫得干净整洁，把孩子换下来的衣服洗好晾干，把饭菜做得营养均衡又色香味俱全，孩子会以为这些都是理所当然的，那他的生活自理能力又从何而来呢？所以你要教孩子如何自己打扫房间，怎样洗干净衣服，自己做简单的饭菜。然后你就可以懒得收拾房间，来不及洗衣服，或者偶尔因为起晚不能做早餐了。

有时你需要“弱”一点。出门购物，东西太多，你实在是拿不动，让孩子分担一些；外出旅行，买上一个儿童行李箱，自己的用品自己拿；去陌生的地方，你“迷路”了，让孩子来看地图或者帮忙问路。

不用怕丢脸，孩子不会因为你的“无能”而瞧不起你，相反他会因为自己的强大而信心爆棚！总之，让孩子知道你不是他的拐棍，他也就会放弃事事依赖的思想。能力在实践中培养，家长不要再辛苦地替代孩子了，让我们更有智慧地来守护他们的成长吧！

“吼骂”的结果只会让孩子更叛逆

从明日开始，各位仙尊就要到凡间历劫了，品尝人间疾苦：送娃、接娃、看娃学习、带娃上课、早起、一日三餐、刷锅洗碗、打扫里外、晚睡给娃查作业。无休息、无娱乐、每天 24 小时候命。历时四个月，方可有一小休。此番渡劫需耐心十足，稍有不慎便会走火入魔，到时候就只能自求多福了！

——献给即将开学的家长朋友们

上面这个段子在开学前的微信朋友圈中被许多妈妈转发，尤其是那些新入学孩子们的家长，他们和孩子一样都怀着忐忑的心情迎接孩子学生时代的到来。

这段描写形象而生动地记录了一个孩子家长的日常，面对日复一日这样的生活，是个人都会有烦的时候，发脾气也是正常的事情。

在一地鸡毛的生活面前，对孩子的“吼骂”仿佛是不可避免的事情。

小牛妈妈是一名建筑师，在工作中是一名成功的职业女性，在生活中，她喜欢音乐、爱好烹饪，性格开朗，为人随和，在周围人眼中她也是一个称职的好妈妈。但她却无比烦恼地和我谈到过自己的“死穴”，就是关于小牛的教育。

小牛是孩子的小名，当初作为高龄产妇，小牛妈妈怀孕的过程也是非常辛苦，叫孩子小牛也是希望孩子像牛一样健壮。可小牛妈妈现在却感慨道：他不该叫“小牛”，应该是“小猴”啊！

小牛是一个非常顽皮的男孩，小学三年级，学习成绩没问题，可是一提到纪律，就让人头疼。为此，老师多次找过小牛妈妈。别的事情小牛妈妈都可以从容淡定，可一涉及孩子，她就火往上冲。虽然每次她都想心平气和地与小牛好好谈谈，可到常常越说声越大，越说火越旺，最后就演变成一顿大吼大叫。

还说小牛，其实男孩子调皮些也是正常的事情，老师找家长也是希望家校配合更好地管理孩子，虽然小牛妈妈也明白这个道理，可一旦因为孩子被老师谈话，心里难免就会有挫败感，心情自然不会好。尤其是与小牛面对面时，看到孩子那副不以为然的样子，就会气不打一处来，说话时就很难心平气和，如果发现小牛不能马上认识到错误，小牛妈就会不由自主吼叫起来，结果就是事情没解决，自己气得够呛，孩子还觉得委屈。又是一个无言的结局。

为什么会这样呢？

起初暴风骤雨式的教育对孩子也许还有威慑力，孩子会立即收敛自己的行为，但次数多了后，孩子似乎对吼叫有了免疫力，变得麻木起来。即便你很生气，他也跟没事人似的，直接无视甚至假装听不见。时间长了，孩子甚至会故意与你作对！

家长的大声吼叫不但达不到教育的效果，还会给孩子树立一个错误的榜样，因为模仿是孩子的天性，父母大声吼他，他也会模仿，一旦感觉别人没有按照他的心意做事，他也会用大吼大叫的方式去解决。

小牛妈妈是因为孩子的纪律，有家长是因为孩子的学习，或者是生活习惯等，绝大多数家长不会无缘无故地吼骂，都会有自己的原因。作为孩子的家长我充分理解这一点，可是尽管如此，我们也不能为自己开脱，因为“吼骂”的结果只会让孩子更为叛逆。

很多家长都会通过阅读有关育儿和儿童心理学方面的书籍来寻找答案，可结论是：书中的描写是理想状态，只是看起来很美。世界上没有完全相同的两个孩子，所以别人给出的办法不一定完全与自身契合，当我们满怀信心想要尝试的时候就会发现，孩子的反应并不是你所期待的，你就会控制不住体内的洪荒之力。

“吼骂”并不能解决任何实质问题，有时还会激化矛盾，引发新的状况，甚至还要花更多的时间来收拾残局！看到孩子的眼泪和无助的表情，家长们都会感到很后悔，为什么当时不再忍耐一下呢！看到那些能够做到从不对孩子“吼骂”的家长感觉他们是“神”一样的存在。落实到自己就是“臣妾做不到啊！”

“吼骂”是一剂以毒攻毒的烈药，伤人伤己，还不一定有疗效，教育是一个长期的过程，润物细无声才是我们要达到的理想境界。

没有不犯错误的孩子，当你的孩子犯错误时，最好的方式是沟通！

学会耐心地倾听。很多暴脾气的家长看到或听到孩子犯错时，就会不由分说……其实，这样根本解决不了问题。教育孩子的关键是找出孩子犯错误的原因，然后从源头入手，对症下药。家长最需要做的是多一点冷静，多一份耐心，多问孩子之所以这么做的原因，站在孩子的角度，倾听孩子的内心独白。只有这样，才能真正走进孩子的内心，进而减少孩子再犯类似的错误。

协商而不是命令。家长不要总是高高在上，放弃俯视的姿态，放下身段，和孩子“平起平坐”，不要用命令的形式发号施令，而是同孩子协商，各退一步或许是更好的方法。

让孩子亲身去体验后果。父母说的“不可以”“不行”，孩子有时不能接受，在保证孩子安全和没有恶劣后果的情况下，某些事情不妨让孩子亲身体验一回“自食恶果”的滋味，在感同身受的切身体验中，他们自会领悟到父母的良苦用心。

既然各位仙尊来到凡间，就要历尽劫数，不断修炼，教育孩子之前先要学会控制好自己，希望各位勤于修炼，有朝一日能重返仙界！

既要温柔以待，也要权威存在

很多家庭在教育孩子的时候,往往会夫妻联手,采用的办法是“一个人唱红脸，一个人唱白脸”。

你可能要问了，不是说要家庭成员观念一致吗？不然一个要求严格，一个一味庇护，那教育还能达到效果吗？是的，我们常常强调教育孩子父母要口径一致、步调统一。那么一个红脸一个白脸就是不统一了吗？非也，这是个很重要的方法呢！我们今天就来说这出戏该怎样唱起来！

我们成年人都有过这样的感受：某件事情起初以为自己是对的，后来发现原来不是想象的那样，可是由于爱面子放不下身段，只好强撑着坚持，这时你的心里在暗暗期盼有人能给你个“台阶”，让你体面而又没有压力地摆脱窘境。

不要以为孩子小，他们也会存在相同的感受，甚至他们的自尊心更强。所以，孩子在犯错误的时候，如果爸爸已经采取“金刚手段”，那妈妈就要“菩萨心肠”。这里不是让父母因为孩子对着干，而是给孩子给父母一个台阶，让大家都能顺利地接受对方的观点。

小豆爸爸妈妈把他送回老家过暑假，看到门前有树，院子里有菜，街上还有溜达着的鸡、鸭、鹅、狗，村旁的小溪流……完全不同于城市生活的环境让小豆无比兴奋，和只大一岁的小表哥迅速地玩耍起来。住在爷爷奶奶家，还有小伙伴一起，爸爸妈妈决定让小豆住上一段时间，让他在大自然的环境中肆意地放松一下。

可是在爸爸妈妈准备离开的头一天晚上，却发生了不愉快的事情。妈妈叫小豆吃晚饭，可是小豆却不见了。爸爸赶快四处寻找，结果在村边的小河旁看到正在河里玩耍的小豆。爸爸当时就急了，因为小豆爸爸就有一个童年伙伴曾在这里溺水身亡。待小豆一上岸，爸爸就无比愤怒地拉着他回到家，大声训斥着小豆：“和你说过不能下河游泳！为什么就不听？”小豆小声说：“我没游泳，表哥说我们下去洗澡！”听到小豆的辩解，爸爸更生气了，几次要抬起手来！

小豆觉得别的小朋友都下河了，也没见别人家长发火，再说自己是学过游泳的啊！小豆爸爸觉得，我说过不让私自下河，小豆不但不听还顶嘴！游泳池和河里的情况怎么能一样！爸爸很生气，小豆也不服气，看到这剑拔弩张的局面，小豆妈妈赶快出场了。

妈妈搂过还湿漉漉的小豆说：“先擦干，吃饭吧！”转头又对小豆爸爸说：“孩子没有生活经验，咱们也应该好好和他说！你也去洗洗手吧！”妈妈的两句话好像化骨绵掌，小豆和爸爸想说什么又似乎说不出来了，都乖乖地来到饭桌前坐好了。

就此结束当然没有达到教育的目的，这只是打破尴尬局面的第一步。饭后一家人在树下乘凉，妈妈给小豆讲了爸爸童年小伙伴的遭遇，小豆也认识到了自己的错误，同时爸爸也表示自己以后有话要好好讲，小豆和爸爸又击掌和好了。

在这里，小豆妈妈做得就很棒，小豆下河游泳的确让人后怕，爸爸发火可以理解，小豆年龄小还不明白这其中的危险，对于爸爸的批评不接受也很正常。小豆妈妈没有同样生气的站在爸爸的角度去批评小豆，也没有放弃原则单纯地庇护孩子，更不是简单地和稀泥弄成表面和平就好，而是用自己的温柔话语和切实行动，让双方达成谅解和共识。

这就是我们今天要说的：既要温柔以待，也要权威存在。

其实这里涵盖两个方面的含义：其一，就如上面小豆父母一样，一个严一个爱，双方配合，共同达到教育孩子的目的。其二，就是家庭中并不总是父母同时出场，即使是自己没有人配合，我们也要扮演好这两个角色。

孩子与成人一样，有的吃软不吃硬，有的吃硬不吃软，在与孩子沟通交流的过程中，我们当然就是要软硬兼施了！

其实我们需要的就是温柔的坚持。很多家长认为：做到严格家长就有威信，但严格不是只对孩子说不，严不是严厉、不是发火，不是大声说话，威信也不是靠打骂吼叫得来的，真正的威信来自于言行合一的言传身教，来自于对底线和原则的坚持。

温柔不是当老好人，我们在尊重孩子的基础上要正面管教孩子，既要站在孩子角度，给予理解、帮助和有效的建议，也要站在原则和底线的角度，敢于直面孩子的问题。

尊重孩子不是面对孩子的情绪和哭闹就可以讨价还价，解决问题的关键首先就是形成良好的信任关系，在家庭教育中，当关系不是相互信任的时候，家长对于孩子的教育就会陷入死循环，越教育问题越多。怎么形成良好的关系呢？秘诀就是“宽严有度”，简而言之，严就是温柔的坚持，说话算数；宽就是给孩子成长的自由。

所以说，如果你做到既能温柔以待也能权威并存的时候，你孩子的问题就会越来越少！

给孩子讲道理，不如讲故事

听故事是大人孩子都喜欢的事情。孩子缠着大人讲故事你可能觉得很正常，但成年人也喜欢听故事吗？那是当然，我们喜闻乐见的快板、评书，我们关注过的娱乐八卦，我们看的影视作品，说的不都是各种各样的故事吗？

故事的内涵很广，可以说基本上所有的事物我们都可以用讲故事的方法来表达。孩子的特点是不受约束，天马行空，所以你会看到孩子拿着简单的小道具就可以津津有味、自言自语编出很多小情节，你在一旁也许会觉得很好笑，很幼稚。但请不要小看孩子的这种行为，因为那是你可能已经丧失的创造力。

当孩子请求你讲故事的时候，你首先想到的是去找一本书照着来念吧？有没有尝试自己来编个故事呢？一个全新的属于你与孩子自己的故事。很多优秀的儿童文学作品起初都是从给孩子讲的故事中得到灵感创作而成的呢！虽然我们不是职业作家，但我们可以通过故事与孩子建立更为和谐的亲子关系。要不要尝试一下呢？

有一部英国动画片叫《小猪佩奇》，有很多很多集，但每集的内容却很短，只有五分钟的时间，这是一部故事情节虽然简单但超温馨特别适合小朋友和大朋友一起看的动画片，讲的都是日常生活的事情，虽然是国外的动画但真的很接“地气”。其中有一集佩奇和弟弟乔治要准备睡觉了，佩奇却想请猪爸爸讲一个故事，于是猪爸爸就开始了。

爸爸知道佩奇喜欢公主故事，于是就把主人公设定为一个小公主，因为是睡前故事，公主的名字就叫沉睡公主，故事看起来没有什么新意，国王、王后、公主、王子，这分明就是小猪佩奇一家人，结局我们也都能猜到，但孩子不会那么想，他们听得很高兴，感觉爸爸的故事很有意思。

此时此景是那么的日常，但却有打动人心的力量。猪爸爸虽然贪吃，有时会懒惰，但在与孩子的相处中他那些貌似笨笨的行为其实正是智慧的体现。孩子该睡了，猪爸爸不是大声呵斥，而是耐心讲了一个故事，故事中的沉睡公主照了一天的镜子也真是累了，早早地进入梦乡，听故事的佩奇也和沉睡公主一样睡着了。

家长们对于讲道理有着迷之爱恋，尤其是在孩子犯错时，他们并不是一上来就大吼大叫，而是会先给孩子讲道理，认为这样才能显示出自己的教养和水平。怎奈孩子似乎对于讲道理这件事具有天然的免疫力，你越是讲道理孩子越是听不进去！然后你气急败坏，忘记了自己的那套理论，放飞自我了，最后以“吼叫”结束。

其实对于孩子而言，你嘚啵嘚的那些空洞的话语，他们根本不明白也不想明白，说你好像《大话西游》里的唐僧，恐怕也是甚为合适，那孩子就是旁边那忍无可忍的可怜小妖。所以，放下我们的道理，不如就从故事开始吧！

尝试用故事来解决问题，讲一个不行，我们就讲两个！

给孩子讲故事，要针对他们年龄的特点。对于学龄前的小朋友，我们故事的主人公可以是小猫、小狗、小兔这些他们喜欢的小动物形象，通过故事的主人公可以教会孩子生活习惯、礼节礼貌，理解真善美、分辨假恶丑，建立是非观念。

对于小学低年级的孩子，我们可以多讲讲历史故事、成语故事、寓言故事，让他们通过故事学知识，培养良好的品格。

随着年龄的增长，可以引导孩子去读故事，领会其中的道理。我们可以先给孩子讲上一段，引起他们的兴趣，然后告诉他们，自己是从哪一本书上看到的，让孩子自己看书，自己思考。

家长在讲故事的时候还要注意以下两个方面。

把握故事的针对性和时效性。故事可以启发心智，阐明道理。孩子不爱吃青菜，孩子不愿意洗澡，和其他小朋友产生了矛盾，这些生活中的问题都可以用故事来解决。故事中主人公遇到了相同的情况，他们是怎么做的呢！孩子也会学着做起来。当然这种故事要在孩子能够产生共鸣的这个阶段来讲，才会达到预期的效果。

注意故事的简约性和持久性。孩子对于故事的要求不是很高，首先人物要够喜欢，情节要够吸引，注意篇幅不需要很长，能吸引住孩子，但绝不拖沓，符合孩子的语言习惯，摒弃大段的描述，尽量用人物对话来表达意思，孩子会更容易接受。当然，简约并不代表简单。我们看寓言故事往往短小精悍，但带给我们的启发却是深刻的，有的还会影响终身。

好故事能耐得住时间的考验，好故事里自有春秋，在对的时间讲对的故事比起讲道理更有意义。

学习的能力比成绩更重要

学习能力比学习成绩更重要，可是在现实生活里，我们却很容易忽视能力的培养，而一味地去追求高分。

一位 68 岁的上海退休教授成为新晋“网红”，走红源于他撰写的一篇名为《牛蛙之殇》的文章。文中他讲述了自己外孙从 3 岁起开始备战幼升小的经历，大胆炮轰了“幼升小牛蛙战争”，生动体现了很多大城市中家长的心态和孩子的状态，引起了很多网友的共鸣。

孩子的比拼已经从幼儿园就开始了。虽然家长也想给孩子一个无忧无虑的童年，但考虑到孩子未来的长远发展又不得不放弃这种想法，忍痛把懵懂的孩子送进各种各样的培训机构。其实“幼升小”只是求学路上一个开端而已，一旦你进入所谓好的小学，你就要保持这个状态进入好的初中，好的高中，上好的大学，长达十几年的求学之路正等待着家长陪伴孩子们前行。

光是想想都会觉得很绝望，什么时候是个头呢?

我并不是反对孩子学习才艺，学舞蹈、学绘画、学习乐器，从小打下基础，练好“童子功”的确也是好的，但有一点首先是孩子要真心喜欢，而不仅仅是家长喜欢。

我看到除了学习这些艺术类的课程，入学前的暑假很多家长会给孩子上幼小衔接班，甚至有些孩子是直接放弃了幼儿园大班的学习，提前一年或者半年就进入这种状态。

在幼小衔接班孩子都在做些什么呢?毫无疑问，主要就是学习拼音和算数，把一年级要学的知识提前学了。为什么要这样?家长们回答基本一样：听某同事、朋友、某街坊邻居说，他家的孩子由于没上幼小衔接，一年级都跟不上呢！谁也不想自家孩子落后，都争先恐后上起来。在这种大环境下，的确会出现没上过的孩子会显得落后些的情况，但我认为其实并不是他们落后，只是因为那些孩子太超前了而已。学校教育是基于大多数孩子水平上的教育，当大家都去提前了，你没有去，自然就会变成落后的那一个！

来自几个方面的合力造成目前这种现状，我们不能够完全责备家长，因为他们很难保持自己的理念始终坚持下去，很容易被裹挟着匆忙前进。

在小学低年级的学习中，需要机械记忆的内容占主导，只要孩子认真努力，成绩都不会太差。为什么现在有一个观点认为到三年级以后孩子之间就会出现差别呢？因为学习不再是通过简单的记忆就能完成了，开始需要更多对知识点的理解和运用，这个时候，孩子会不会学习，在成绩上自然就体现出来。这种自然分化是正常的事情，一时的成绩落后也不要着急，可能是孩子还不具备这样的能力，家长多启发锻炼，当孩子在摸索中悟到了这些，问题自然迎刃而解。

可是，很少有家长还能保持好心态，看看周围，如果不让孩子去学点什么仿佛就不是一个合格的家长。于是大批的孩子从这个时候起开始到各种教育机构学习数学、语文、英语、写作这些在学校里同样学习的课程。

课外班学的一定是比课内学的要难，这才符合提高学习成绩的预期，事实证明很多孩子在校内的成绩确实得到了提升。这些机构采用了什么好的办法吗？我刻意接触了一些孩子，从他们身上似乎得到了些许的答案。

我拿起他们在课外班做的习题，虽然我还能够做出，但也感到陌生和有些吃力，看到孩子们的方法真的感觉好妙，不禁佩服现在的孩子真是聪明，我怎么就想不到呢！于是，不耻下问向他们请教，结果常常是虽然题目他们做得很棒，但却不能够很清楚给我讲明白他用的是哪个知识点。

我又疑惑了，那你们是怎么做出来的呢？孩子们最常说的话就是："反正我就知道遇到这种类型的题目就用这个方法就可以了！"

孩子们的回答，让我明白，那些提高性质的题目孩子虽然会做，但他的方法是从老师那里死记硬背得来的，不是靠自己思考所得，正所谓“知其然”，但“不知其所以然”。孩子学习是要掌握方法，但这个方法最好是由自己来挖掘，而不是用现成的，如果长此以往，课外班永远是孩子的拐棍，孩子就不能真正拥有学习的能力。

现在看起来，通过这样的方法孩子之间短期内是不会有太大差别，但在将来，他们之间一定还会发生区分，那些真正具备学习能力的孩子在学习上一定会越来越得心应手，后劲十足；而那些靠吃现成饭，不愿或者不会自己思考的孩子，要想走得更远，早晚还要补上这一课。不是要会做多少题目，而是要先学会学习的能力。

家长们看似为今后考虑才会让孩子不停地学、学、学，实则这样来不及思考地盲目前行，早晚会丧失方向。不如我们稍微停一停，让孩子试试自己思考。“授人与鱼，不如授人与渔”，让他们的能力与所学的知识相匹配，才是明智的选择。

毁掉亲子关系很容易，有时只需一部手机

想要教育好孩子，首先要和孩子保持良好的亲子关系，遗憾的是很多家长们在努力建立和维持这种关系良性运转时，却又因为自己的一个习惯轻易地毁掉了它。

这个习惯就是你时刻不离的手机。

出门你可以不带钱包，但决不能忘带手机，如果没有手机，你会感到空落落的无所适从，甚至没有安全感！生活中我们已经离不开手机，可在亲子关系中，请你务必远离手机！

2017 年 8 月 17 日，重庆开州区一小男孩在浮桥上玩耍，突然失足掉进湖中，在水中挣扎 15 秒钟后被好心人救起，而孩子爸爸一直在旁边玩手机，直到好心人救人闹出动静，男子才发现孩子落水了。孩子命大，有人发现，可被救起的孩子得有多心塞，是亲爹吗？

令人难过的是，家长玩手机入迷，忽略孩子安全问题，导致孩

子受伤甚至丧命的新闻屡见不鲜见。

这个男孩有热心人救了起来，但有个小朋友就没那么幸运了。

2017 年 1 月，在西安某温泉世界，一名 4 岁男童溺亡。监控视频显示事发时，孩子从池子的一边朝另一边走，没走多久就开始挣扎。然而，就站在距离孩子大约三四米远地方的妈妈正背对着孩子玩手机，并没有发现异常。孩子随后挣扎了约三分钟之后，慢慢沉入水底。

水边不安全，那路上就好些吗？2016 年 4 月 19 日，安徽六安市城区，涵涵的妈妈带着 2 岁的他在小区里玩耍，由于小区内行人并不多，妈妈便一边带着孩子，一边玩手机，而此时司机卢某坐在自己的轿车里等人。小涵涵所站的位置刚好处在卢某的视觉盲区，不知情的卢某就这样开着车从孩子身上碾压了过去。

尽管有这样令人痛心的事情发生，但在我们日常生活中，还总是会看到父母一边拿着手机，一边看管孩子的场景，因为他们认为那些都是极端的例子。你知道吗，这些事件中的父母当初也是这么想的！一旦这种意外降临，那么不管什么样的亲子关系也都就此终结。

手机是我们生活中的重要工具，但孩子也不是充话费的赠品，为人父母当知何为轻重，惨痛事件的发生手机不是因，真正的因是离不开手机的那个人。

你会说，在户外，在陪同孩子玩耍的时候看手机会存在安全隐患，我不看就是了！那么在家里，总归是安全的吧！我有许多业务要通过手机来跟进，看看也是无妨！是的，家长没有必要总是围着孩子转，要给孩子成长的空间，你可以和孩子约定好，在各自完成自己事情的时间里，你可以用手机、用电脑完成你的工作，但在和孩子相处的时间里，请放下手机专心陪伴他们。

孩子虽小但父母对于孩子的态度他们却是敏感的。孩子和你说话，你心不在焉，因为你在看手机；孩子有不会的题目，你不是先思考一下，而是直接用手机百度；一边吃饭一边看电视是坏习惯，现在年轻的父母吃饭的时候都不看电视了，而是各自看各自的手机，这样的时候，你觉得孩子做何感想？以前我们常说孩子是“掌中宝”，现在你的“掌中宝”明明是手机啊！

除非是工作需要，在家里，在孩子面前，我们尽量不要玩游戏、购物、刷朋友圈了，好好地和孩子进行真诚的交流，你一不小心，孩子就长大了，就会变成你找他说话，而他正在看手机了！

当你握着手机批评孩子做事不专心时，当你拿着手机在陪读时，当你眼睛看着手机跟孩子说话时，孩子感受不到你的真诚，你做的一切看起来都是敷衍。

孩子会吃手机的醋，会好奇手机究竟有怎样的魅力？世界上最远的距离不是你在南极我在北极，而是我在你的面前，你却低头看着手机。孩子还能感受到爱吗？怎么看你都更爱那部手机！

用不了多久，孩子就会无师自通，在你迫不得已放下手机的空闲，他们就会娴熟地拿起，玩游戏、发微信、看朋友圈都不在话下。

当孩子也迷恋其中时，你才着急起来，此时，恐怕晚矣！再说一件事：北京某中学生沉迷手机，爸爸发现后一怒之下把手机从窗户扔了出去，接着孩子竟也跟着手机一起跃出窗口！又是一个悲剧！

不管是亲子双方的哪一方，过度依赖手机，都必然会对和谐的亲子关系带来打击。举的几个例子虽然是极端事件，但一定要引起家长的重视，警钟长鸣，希望不要再有不幸的事情发生。

横在你与孩子之间的手机无疑是你们亲子关系的“第三者”，我借用一句电影台词“她就是个仙女你也忍了吧！”何况那只是一部不会对你产生感情的手机。

有了规矩才有自由

给孩子立规矩，必要；还孩子自由，应该。那到底应该怎样把握这看起来对立的两个方面呢?

我觉得规矩和自由就好比生产力与生产关系之间的关系一样，它们是矛盾统一体中的对立双方。它们之间既对立又统一，相互依存、相互作用，有着不可分割的内在联系。规矩是矛盾的主要方面，对于自由起着决定作用。能遵守多少规矩，决定着你能享有多大的自由。规矩是自由的前提，自由总是在符合一定规矩的范围内才能拥有。

哈哈！有没有回到了中学时代上政治课的感觉？这样说话我也很累，好，下课！下面开始聊天时间。

给孩子立规矩的首要一点就是要符合孩子的生理和心理年龄。

有很多教育专家语重心长地提醒家长朋友们：给孩子立规矩一

定要早，无规矩不方圆！新生的婴儿困了睡，饿了哭，面对如此简单至极的孩子，甚至已经有一种理论叫按时喂养，就是要妈妈按固定的时间间隔来喂奶，比如三小时一次或者四小时一次，以便养成孩子规律的生活习惯。这个想法的出发点是好的，但我个人感觉没有可操作性，也不人道（这话也许有点重）。对于小婴儿来说，这个阶段吃就是他人生的全部，成人尚且管不住嘴，何况对于处在迅速成长期的孩子呢！

所以这个时候我们要给自由于孩子，想吃就吃，想睡就睡，人生中也只有这个阶段才能做到这一点吧！即使妈妈辛苦一些，按需喂养才够温暖。

这就是孩子人生之初规矩与自由的关系。

俗话说：三翻六坐八爬爬！就是说孩子从三个月开始具备的一定的活动能力了。应该说从这时候开始父母才有可能对孩子说“不”，给予孩子有条件下的自由。

在孩子小的时候立的规矩主要是两个方面：一方面是为了保护孩子安全，另一方面是为了让孩子养成好习惯。

不可以爬高，不可以用火，不能自己开电视，按时上床早睡早起，食不言寝不语……我们为孩子划定安全的红线，培养他们良好的生活、学习习惯，才能为他们健康快乐的成长保驾护航。

但规矩并不是一成不变的，当孩子的能力逐渐增强，我们的规矩也要做相应的调整。比如：用火用电，从起初的绝对禁止，到在大人的监护下使用。当孩子好的习惯一旦养成，化成身体的记忆，父母的监督也就丧失了意义。

家长注重给孩子立规矩，孩子注重的是我要自由，这看似对立的双方，其实是相辅相成的搭档。

孩子小时候在家中听到父母说了太多的“不”，上学后听老师说了许多“要遵守”，但没有人告诉他们能够做什么。所以很多孩子苦于一直以来自己总是被管理的这种状态。到了青春期的孩子容易叛逆，除了生理因素，渴望他们心中所谓的“自由”，也是重要的心理因素。

父母要做的是让孩子理解到：生活在社会、学校、家庭中的每一个人都有要遵守的行为规范，没有谁可以跨越这些随心所欲。自由总是相对，规则保护你获得自由，遵守规则才能得到最大限度的自由。当然孩子不可能一下子就明白这个道理，我们要在日常中慢慢渗透给他们。

小朋友们在幼儿园都学过关于“红灯停，绿灯行”这方面的儿歌，并做过模拟游戏，他们会觉得很有意思，并且会自觉地落实到生活中。过马路时不止一次看到、听到过这样的场景：路上车不多，但仍是红灯，家长就领着孩子过马路，这时的孩子往往会提醒家长还没有变绿灯呢！其实，孩子一旦从内心接受规则，他们执行得比成年人更好。

所以，在给孩子立规矩的时候，我们动动脑筋采用他们易于接受的方式，那么孩子就不会感到这是一种束缚了。

在学校，面对一个班几十名学生，要求老师对所人都进行人性化的管理也是不切实际，孩子产生一些情绪或者反抗的行为，老师就会找家长来沟通，这是个考验父母的时候。接到老师电话，无论手里有多重要的事情都要放下赶到学校，家长的心里本就带着一团火，听完老师的讲述，回到家还能心平气和跟孩子讲话实属不易。在小学阶段，老师找家长绝大多数原因都是因为孩子没有遵守纪律，影响别人，或者打闹之类，男孩的家长这方面的心得肯定会多一些。孩子调皮是天性，有时他们无意于挑战规则，只是没有意识到他们行为的后果，家长苦口婆心或者雷霆万丈都不能解决根本问题。

有了规矩才有自由，当孩子明白了这个道理，为了争取更多的自由，孩子就会主动地去遵守规则了。

没有十全十美的父母，更没有完美的孩子

有了孩子以后，升格为人父母的夫妻之间共同的话题常常围绕孩子展开。孩子会走路了，开始说话了，上幼儿园了，上小学了，每一个阶段都凝聚着父母的心血和期盼。

父母重视孩子的身体健康，关注他们的心理变化，尽自己所能给孩子提供最好的教育,所做的一切只是希望孩子有一个美好的未来。

我们满怀希望上路了……

理想与现实的碰撞注定无可避免，我们可以追求完美，但终究达不到完美的彼岸！对于孩子的种种规划与设想，那只是你的一厢情愿，所有的一切要从现实出发，才会有更灿烂的明天。

身边见过太多的父母，他们全身心地投入到孩子的教育当中，他们设定的最低目标是孩子一定要比自己有出息，关于最高目标他们相信那句话“只有想不到，没有做不到”，自信这样才会给孩子

满满的正能量。但其实在旁人看来，更多的时候他们只是打了鸡血般地在盲目奋斗。

启航在一所重点中学念初二，这个年龄的男孩按说应该充满活力的，可他却看起来心事重重。能够来到这所学校读书启航靠的是命运的眷顾——大派位。大家都说他运气好，可启航自己并不认为这是一件值得庆幸的事情，相反他情愿不来，也许更好过些。

启航的父亲是一名出租车司机，每天早出晚归地拉活，妈妈在商场当售货员，他们虽然都在很努力地工作，但收入还是有限。可是夫妻有一个共识就是对于孩子的教育，尽其所能，倾其所有。

启航的小学阶段可以说是极其忙碌的。在语文、数学、英语各门功课补习班的保驾护航之下，他的成绩才勉强维持在中等偏上的位置，妈妈还托人让他参加了学校的管乐队，吹黑管。因为妈妈听说，给孩子培养一个特长，今后在小升初的时候也许会用得上。大家都知道不管学习什么乐器，经济方面的投入是必然的，尽管一节小课几百元，启航妈妈也是毫不犹豫。

启航的爸爸妈妈对他抱有极大的希望，懂事的启航也是十分努力。尽管他并不喜欢黑管，也没有音乐天赋，但他仍在坚持并勤学苦练，启航的资质实属平常，在学习中，遇到实在不能理解的题目只能靠死记硬背。爸爸妈妈看到孩子比自己当年学习好，还能吹奏出曲子都感到很开心，认为努力没有白费。

小学六年级的时候，为了能上个好初中每个家长都开始给孩子投简历，带着上所谓“占坑”班，参加竞赛希望获得名次，去学校面试特长，所谓八仙过海各显神通。启航爸爸妈妈也是如此，但遗憾的是黑管没能成为他入学的敲门砖，学习成绩也不足以优秀到提前点招，启航一直没有落实到具体的学校，所以只能参加派位。

这时启航的父母才发现尽管投入了这么多精力，孩子并没有他们预期的那么优秀，他们感到失落，启航的压力也很大。

现在启航虽然来到了父母理想中的初中，但面对从全市招来的各路“学霸”，他现在无论怎样努力都始终在中等线以下徘徊。他怎么能开心得起来，怎么面对父母的殷殷期盼？

启航父母在努力培养孩子，启航的懂事也让人感到心酸，他们都没错，但却没有达到想要的目标！父母的选择不会全部正确，孩子也一定会有做不到的事情。

有些父母抱怨孩子不懂事，不知道努力；有些孩子则觉得自己的父母没本事，给不了自己富足的生活条件。他们喜欢相互埋怨，因为他们习惯看对方身上的弱点，却从没有想到自己的不足。

没有十全十美的父母，也没有完美的孩子。孩子不能选择父母，作为子女首先要感谢他们赋予你生命；父母决定拥有自己的孩子，就要做好准备接受孩子的一切。

我的朋友王姐，他的老公是20世纪80年代的博士，高级工程师，她本人也在一个科研单位工作。博士的儿子出生了，王姐对他寄予了厚望。但随着孩子年龄的增长，没有看出在学习能力上有过人之处，甚至不及中等。

王姐焦虑、失落、挫败，总之各种负面的情绪都一一品味过后，她说服了自己放下了心结，用爱接纳孩子。在同班同学已经上大二时，王姐的儿子仍然在复习班里准备第三次的高考，王姐没有非要让孩子参加高考，但孩子说事不过三，还要再努力这一次！第三年王姐的儿子考上了一所二本院校，现在已经大学毕业成为一名工程师。王姐说：她不要求孩子能像他爸爸一样成为博士，只是希望他以后身体健康，感受到生活的幸福就好。现在她退休了，孩子也能自食其力，对于现状她很满足！

知足常乐，教育孩子的过程切忌“比”，每个父母不一样，每个孩子也各有特点，人与人之间不存在可比性，适合自己的方式就是最好的方式。